Yami, ¿Quién me entiende?

Y a mí, ¿Quién me entiende?

Un libro para adolescentes que todo papá y mamá deben leer.

Escrito por:

 CHETTA.TV

Copyright © 2023 por Chetta

Todos los derechos reservados.

Ninguna parte de este libro puede reproducirse en ninguna forma sin permiso por escrito de la autora, excepto para usarse en forma de citas breves en reseñas.

Diseño de portada: Jorge Merchán.

Revisión y corrección de texto: Mauricio Olaya

Diseño editorial, maquetación y publicación: Inmersión Digital | Web: inmersion.digital

Contenidos

Agradecimientos — 6

Introducción — 9

Capítulo 1: ¿La adolescencia duele? — 21

Capítulo 2: Etapas de búsqueda de identidad personal — 31

Capítulo 3: Agravantes que intensifican las etapas de búsqueda personal — 71

Capítulo 4: El plan de acción — 113

Acerca de la autora — 159

Testimonios — 160

Mensajes del corazón — 167

AGRADECIMIENTOS

En esta ocasión, además de agradecer a Dios, a mi madre y a mi padre por darme esta hermosa oportunidad llamada vida, quiero agradecer en especial a mis hijas Fernanda y Danna, porque han sido mis mejores maestras, ya que me hicieron entender algunas pruebas de la adolescencia y nuevamente son las impulsoras para escribir cada palabra de este texto.

¡A ustedes dos dedico este libro con todo mi corazón!

Con sus experiencias me hicieron investigar, observar y analizar todo lo referente a la etapa normal del adolescente, el cambio generacional, las características y agravantes de la región donde vivimos, más los nuevos retos que ya traía la era tecnológica y todo lo que agregó la pandemia.

Mi análisis y la puesta en práctica con ustedes, además de los buenos resultados obtenidos, fue lo que me hizo apoyar a tantos jóvenes en pandemia; actualmente, es por ello que quiero agradecer también, a cada chico que creyó en mi trabajo, diciéndole sí al crecimiento personal y asistiendo a una sesión de terapia conmigo y, por supuesto, a sus padres por buscarme y confiar en que fuese una buena guía para apoyarles.

A mi esposo Samuel y sus hijos Andrea y Samu, por mostrar interés en todo lo referente a esta obra, compartiéndome sus opiniones y vivencias mientras lo escribía, impulsándome a terminarlo rápido para que ya saliera a la luz pública y ayudara a más personas.

A todos los jóvenes seguidores de mis redes sociales, en especial los de TikTok, porque se interesaron en preguntar y saber cómo manejar lo que sentían ante toda la emoción que se mezcló en esta época.

Y definitivamente a ti, por estar aquí, queriendo aprender más de este tan importante tema de adolescencia.

¡Gracias, gracias, gracias!

Introducción

Hay varias razones que me animaron a escribir: la primera vez que pensé en un libro sobre adolescentes fue cuando llegué a vivir a Monterrey y me di cuenta de lo que experimentaban los jóvenes regios, cosa que ya había detectado en mis conferencias y terapias, pero que creció de modo exponencial con una situación personal que vivió mi hija Fernanda; la contaré más adelante.

Luego, llegó la pandemia, donde los conflictos que vivían padres e hijos en casa, aumentó el número de citas con adolescentes por videollamada y algunas presenciales entre padres e hijos. La urgencia que esos chicos vivían y la desesperación de sus progenitores por no saber cómo apoyarles o simplemente comunicarse, era notoria; se conectaban de diversos lugares con tal de no esperar a una cita presencial o a que mejoraran las condiciones pandémicas; incluso, llegué a tener chicos de otros estados de la República Mexicana, de Centroamérica y de la comunidad latina en Estados Unidos y Europa.

El volumen de adolescentes en sesiones me hizo ver que era un tema que no se estaba explicando con bases en las familias y que seguramente, muchos estarían en situaciones similares; así que ocupé tiempo en compartir más y más información de apoyo en mis redes sociales, para llegar a quienes no conocieran la urgencia de lo que se estaba viviendo.

Sin embargo, me concentré en el manejo emocional primero, porque sentía que era una forma rápida de equilibrar las emociones que la pandemia había intensificado; por ello hice mi primer libro titulado *Cómo mentar madres con estrategia,* con conceptos y técnicas sobre inteligencia emocional asertiva; pero tenía claro que "en algún momento" escribiría uno que los adolescentes y padres pudieran leer para conocer las características de la etapa que estaban viviendo, más todas las agravantes que traía la tecnología y la inminente pandemia mundial.

Pero lo que adelantó mi urgencia por escribir estas líneas —aun cuando ya tenía destinados otros temas para primero—, fue la sorpresa que me llevé en las redes sociales,

INTRODUCCIÓN

cuando de un día a otro, se incrementaron cincuenta mil seguidores en TikTok, al publicar un video que me había sugerido una de mis pacientes de la ciudad de Querétaro, pidiéndome comentar lo que a ella le había explicado, para poder compartirlo a varios amigos que estaban sintiendo lo mismo y que seguramente no se atrevían a ir a terapia.

Recuerdo perfectamente el día, fue la noche del 20 de octubre de 2020 cuando publiqué aquel video que decía textualmente lo siguiente:

"Si eres adolescente, este video es para ti, en esta pandemia los que más la están pasando mal, son ustedes; definitivamente están perdiendo una época que no regresa: quince años, graduaciones, entradas a la universidad, salidas del colegio... y está siendo muy frustrante; el problema es que nadie les está enseñando cómo manejar las emociones y me he dado cuenta de que hay muchos adolescentes que están queriendo expresar sus emociones, pero de manera negativa. Quiero enseñarte formas en las que puedes aprender a manejar las emociones y a sacar lo que tienes adentro: el dolor, la frustración o la desesperación sin tener que lastimar tu cuerpo ni a las personas que están a tu alrededor".

El video lo subí terminando la sesión con aquella chica y me fui a mi casa a cenar con mis hijas; de hecho, había abierto mi canal de TikTok como parte de una estrategia en pandemia para coincidir con mi hija Danna —que ama el baile y tenía dieciséis años—, pues sabía que tener un tiempo de calidad en una actividad donde ella estaba interesada, era una buena práctica entre madre e hija; mi objetivo no eran los seguidores, dado que esa plataforma la tenía solo como algo de diversión entre mis hijas; por eso, al inicio, todos los videos eran de bailes y ritmos con ciento siete personas que me seguían en ese momento.

Esa noche, como a las once, una de mis hijas se acerca y me dice: "mamá te hiciste viral" y me muestra que tenía tres mil seguidores, los números subían y subían, a media noche habíamos llegado a los veinte mil, a la mañana siguiente treinta y siete mil y para la noche cincuenta mil; más que sentir la sensación de haber crecido, me sorprendió la necesidad por escuchar sobre el tema y lo real que era que los chicos se sintieran identificados.

Hoy en día, ese video tiene más de un millón de vistas y comentarios como:

Dime qué hacer, porque...

"me rasguño la piel";

"me arranco el cabello";

"ya no traigo casi uñas en mis dedos";

"siento mucha ansiedad";

INTRODUCCIÓN

"me desmayo";

"soy hombre y he estado vomitando todo lo que como";

"me desquito con mi hermano menor";

"no tengo ganas de levantarme de mi cama";

"odio las clases en línea";

"he engordado";

"no quiero comer";

"no sabía que me sentía tan mal hasta que vi el video";

"señora, quiero sacar el dinosaurio que llevo dentro";

"estoy perdiendo mi mejor año de prepa literalmente y tengo mucho coraje";

"al fin, alguien que nos entiende";

"veo que no soy la única";

"desearía haber visto este video hace algunos años";

"ya no tengo motivación";

"que raro que un adulto nos quiera ayudar";

entre otros más que llamaron mucho mi atención.

Pero al seguir compartiendo más videos, me preguntaban ¿qué hacían si sus papás no los querían llevar a terapia? También les decían:

"que había problemas más importantes";

"que no se hiciera la víctima";

"que en sus tiempos nadie iba a terapia y nadie se había muerto";

"que no entendían por qué se sentían así, si les habían dado todo";

"que deberían estar agradecidos con todo lo que tienen";

"¿de qué te quejas?, si no trabajas ni tienes una familia que mantener";

"al tratar de expresarnos, nos llaman de cristal";

"minimizan lo que siento y hacen que no quiera confiarles las cosas, por eso preferimos hablar con amigos";

"le tengo miedo a mis papás";

"por eso finjo estar bien";

INTRODUCCIÓN

"si me dan ganas de llorar, mi mamá dice que pare y mejor me enfoque en salir del colegio";

"que si me siento mal, ¿por qué no busco a Dios?";

"que no tengo que estar mal, si mi única preocupación es la escuela";

"si digo que estoy mal, mis padres se burlan";

"si me siento mal, me dicen que hay más cosas importantes";

"no tengo confianza con mis padres";

"que no hay dinero para eso";

"es normal, eso nos pasa a todos en la adolescencia, pero no creo hayan pasado por lo mismo que yo";

"usted tiene que superar todo lo que la marcó de pequeña sola, no la voy a llevar con ningún psicólogo, para eso tiene a Dios"; entre muchos más que puedes revisar en los comentarios de los videos.

Muy pocos ponían que sus papás sí los escuchaban y los ayudaban a buscar apoyo profesional, así que mi urgencia creció por compartirles este libro, porque sé que en el fondo, padres y adolescentes, ante lo que estaban —o están— sintiendo, una pregunta recurrente que tienen es:

Y a mí, ¿quién me entiende?

Este volumen es para que cada adolescente comprenda lo que se vive normalmente en esta etapa, pero que todo padre y madre debe leer para comprender que las épocas <u>*sí*</u> son distintas (definitivamente no son iguales), en algunas cosas se ha mejorado, pero otras se han agravado o intensificado.

Luego de haber visto todos los videos sobre adolescentes que había publicado, una chica que cursaba preparatoria en Argentina, me buscó por redes sociales para pedirme una entrevista, donde el tema a tratar era "La investigación de la salud mental de los adolescentes en el marco de la cuarentena"; al terminar de explicarle todo lo que en este libro les voy a compartir, me respondió textualmente:

"Me parece buenísimo, me dio otra mirada del proyecto, nosotras nos estamos enfocando más en que la pandemia había dado como resultado muchos adolescentes con crisis y ciertas patologías, no sé si las podamos llamar así, son muchos casos de ansiedad, de depresión y demás, muy parecidas; ahora, con lo que me está comentando es como que, en realidad <u>eso siempre estuvo</u> y yo nunca me lo puse a plantear; a medida que me iba contando, lo iba pensando y sí, hay algunas cosas que se intensificaron, pero la verdad es que es impresionante todo lo que usted investigó y es totalmente cierto; el estrés por entrar a la universidad,

INTRODUCCIÓN

el sentir esa presión social... está buenísimo, me dio otra mirada sobre el trabajo, así que muchísimas gracias por eso".

Estas palabras abrieron aún más mis ojos sobre la importancia de compartir de una forma masiva el tema, de hecho, agradecí ver el interés y entusiasmo de los hijos de mi esposo cuando en Panamá estaba terminado de escribir algunos capítulos y se los leía, les interesaba escuchar más sobre el libro; también, sus amigos y los de mis hijas me preguntaban en muchas ocasiones sobre algunos temas relacionados y al escuchar las respuestas, entusiasmados decían: "¿cuándo sale el libro?", porque cada vez que les leía algo, se identificaban; ellos me hicieron apurar el paso, dado que entendí claramente la necesidad de los chavos por entender, entenderse y ser entendidos.

Sin duda, mi viaje a Dallas, Texas, con Javier Orona me hizo reflexionar aún más sobre la necesidad de sacar urgentemente este volumen. Él es un chico que en un accidente se quemó totalmente y me dijo que mi primer libro de emociones, fue el que le ayudó a salir adelante y manejar mejor lo que sentía, me hizo entender que **unas líneas pueden darle luz y hasta salvar la vida de alguien que ni siquiera conoces**, así que cada día que me tardara en escribir, algún padre o chico con una adolescencia complicada, dejaría de tener las herramientas para entenderse y salir adelante.

En mi caso, tuve una adolescencia complicada en todos los sentidos y no hubo quien me orientara, de hecho, el título *Y a mí ¿quién me entiende?*, fue porqué muchas veces lo repetí sin aceptar que en el fondo NI YO MISMA ME ENTENDÍA, eso es algo común en los seres humanos, queremos que alguien más nos descifre, incluso hasta para que nos explique, pero TODO se resuelve cuando comprendes conceptos claros y compruebas mejores resultados.

Por esta razón, espero que sea de gran utilidad marcar los conceptos que he ido descubriendo, trabajado y observado, para que se puedan aplicar y disfrutar de resultados positivos al poner en práctica las estrategias que aquí les doy tanto a padres y adolescentes.

Sé que educar es un riesgo y que al final cada quien hace lo que se le da la gana, pero mi misión es compartir lo que sé; la tuya es ponerlo en práctica.

¡Así que empecemos!

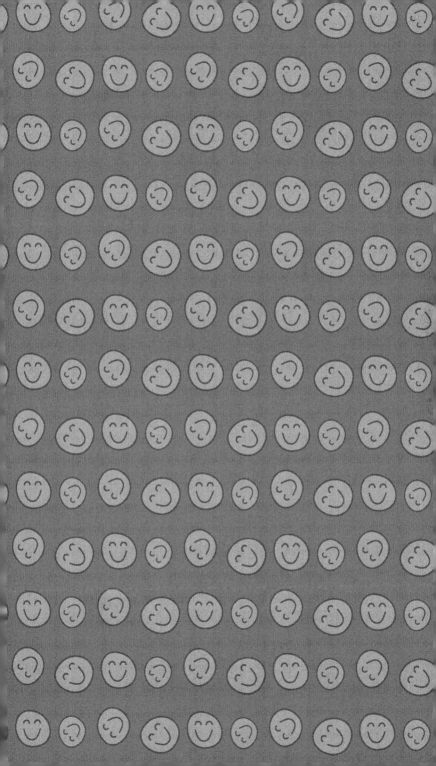

CAPÍTULO 1
¿LA ADOLESCENCIA DUELE?

INICIO EL LIBRO CON ESTA PREGUNTA Y NO CON LA DEFINICIÓN DE ADOLESCENCIA —que ciertamente veremos más adelante—, porque muchos dicen no es cierta, que no tiene relación la palabra adolescencia con dolor; por el contrario, yo estoy totalmente convencida por experiencia propia y la de muchos de mis pacientes, que para entender la adolescencia hay que entender que *por supuesto que la adolescencia duele,* **"crecer duele"**, hasta cuando te salen los dientes y te crecen los huesos... ***duele***.

Y esta etapa le duele no solo al adolescente, sino a sus padres, maestros, amigos y todos los involucrados alrededor de un adolescente en crisis.

Pero nadie nos explica a fondo qué pasa, a veces ni buscamos la explicación, cada quien ve lo que quiere y desde su posición; se hace fácil juzgar, criticar, justificarnos y aplicar cada actitud que no nos ayuda a comprender ni armonizar, menos a convivir.

Al llegar a Monterrey, viví ciertas situaciones de la adolescencia de mis hijas y al mismo tiempo, experimentaba con varios de los pacientes que iba atendiendo, historias de otras situaciones similares que a los chicos se les complicaba y sufrían de más. Esto me hizo estudiar y encontrar explicaciones que me ayudarían a comprender mejor lo que vivían los adolescentes en esta época, marcando herramientas para apoyarlos.

Un día, en una sesión con una chica de dieciséis años, me mencionó una frase que su madre repetidas veces le decía —y que no le gustaba—, para lograr que hiciera las cosas que ella no quería hacer, como su tarea, ir a la escuela o convivir con su familia: *"hazlo aunque te duela, porque el dolor hija, es un magnífico maestro";* ella me comentaba que no quería aprender sufriendo, entonces le hablé de que justo esa frase en lo personal nunca me agradó, pero que a través de mi vida, la he ido entendiendo al aceptar que está incompleta.

Le expliqué que tal vez a su madre, cómo a mí, no le habían enseñado que esa frase era cierta a medias, le falta algo que normalmente no nos explican y que es importante, debemos agregarle: *"el dolor es un magnífico maestro, definitivamente sí, pero que el sufrimiento es opcional".*

Aplicado a la etapa de la adolescencia, claro que *sí duele* porque hay que hacer esfuerzos con acciones constantes, *pero sufrirla es lo opcional*, es justo lo que con buenas herramientas y prácticas podemos evitar.

¿Y por qué esto es así?

Porque el dolor es parte de un proceso de crecimiento.

A esta chica le propuse que valía la pena hacer lo que le pedían, porque no era para darle gusto a su madre, se trataba de su bienestar futuro —aunque ahora no le gustara— y le puse un ejemplo: ¿qué entiendes por la frase "no pain, no gain"?, definitivamente hay que entender muy bien esta frase, porque *no se trata de sufrir, se trata de entender, saber qué hacer y esforzarte hasta lograr el objetivo y, por supuesto, que el camino para ello no es fácil, pero vale la pena el esfuerzo cuando veas los resultados en ti.*

Le conté también que quienes me conocen, saben que NO soy fan de hacer ejercicio, la excusa que siempre puse era que no tenía tiempo, cuando en realidad no me gustaba amanecer adolorida ni sudar; no entendía que eso es parte de un proceso que no se puede evitar y, que al no hacerlo, la única que perdía la oportunidad de obtener un resultado mejor, era yo.

Tontamente, no ejercitarme era mi excusa por conveniencia y además ignorancia, sin embargo, ciertas situaciones de salud me hicieron entender que aunque no me guste o no quiera, hay esfuerzos que valen la inversión del tiempo, simplemente porque merecemos el resultado.

Comprender esto se lo debo a una situación de salud hormonal que viví a mis cuarenta y tantos años, donde buscando apoyo, mi médico de cabecera, el Dr. Ventura, como parte del tratamiento me presentó a la Dra. Paty para mi entrenamiento físico; ella me explicó que hacer ejercicio y amanecer adolorida no era un buen resultado, que la frase "no pain, no gain", significaba que debería sentir en mi cuerpo el esfuerzo para entender que estaba trabajando, para salir de esa zona de confort y obtener un nivel más elevado en mis resultados, pero que *no tenía que llegar a un dolor de desgarrar el músculo* o no poder moverme, eso ya era sufrimiento.

Así, esta sabia explicación que escuché de la doctora y que transmití a aquella chica, haciéndole ver que *decidir hacer algo no debe ser por obligación, sino por conveniencia*, puede ayudarnos a entender cualquier etapa de nuestra vida, pues para tener resultados positivos en lo que sea, hay que realizar esfuerzos y empezar de a poquito. ***Tal vez te siga "no gustando", pero lo haces simplemente porque el resultado "te conviene".***

Ahora entenderás mejor la explicación de mi frase favorita ***"quiero, deseo y me lo merezco",*** porque definitivamente sé que hay cosas que no quiero, ni deseo hacer, pero ***merezco el resultado, por eso me conviene hacerlo.***

Pero nada debe hacerse a lo tonto, sino entendiendo y poniendo en práctica las estrategias que un experto en el tema te proporcione y que te ayuden a pasar las pruebas de una forma más asertiva y rápida.

Para eso están los profesionales de cada rama, justo por eso decidí escribir este libro y compartir mis explicaciones y estrategias para chicos adolescentes y sus padres.

Esto pasa exactamente igual con TODO lo que nos duele en la vida: es la forma más rápida y fácil que tiene nuestro cerebro para informarnos que si estamos incómodos, es momento de movernos porque **nos conviene estar**

mejor; que es momento de hacer algo, aprender o buscar apoyo, para salir de eso que nos lastima y estar en un nivel más alto en cualquier área de nuestra vida; eso es ***crecer, evolucionar y mejorar.***

Hay —y habrán— muchas cosas que nos duelan, pero si buscamos apoyo, entendemos los conceptos, aplicamos las herramientas y lo convertimos en aprendizajes, entonces no será necesario seguir sufriendo.

Pero, ¿por qué duele la adolescencia?

Porque hay cambios que se dan o sabemos vendrán tanto física, mental, emocional y —para algunos— hasta económicamente y hay que conocerlos.

Explicaba en mi libro *Cómo mentar madres con estrategia,* que ante los cambios hay incertidumbre y, al no tener certeza, el cerebro entra en resistencia, surgiendo los miedos, enojos, frustraciones y un cúmulo de emociones que se hacen presentes; si no las sabemos manejar, ***nos secuestran.***

Si a eso le sumamos que hay poca información y que no siempre nos explican estrategias para actuar con más tino y sabiduría en las etapas, la cosa se complica.

Pero la buena noticia ya la mencionamos anteriormente y es que, no hay necesidad de sufrirlo si se busca orientación, apoyo e información asertiva.

Así que, ¡felicidades!, por ser de esas personas que busca entender su crecimiento personal y de los demás.

Gracias por estar aquí, eso habla bien de ti, así que date una palmada en la espalda y di:

"ya estoy en el proceso de comprender y aprender más, para actuar mejor".

A esto se le llama **AUTORRECONOCIMIENTO**, algo a lo que normalmente no estamos acostumbrados, porque no nos enseñan a practicarlo, no obstante, hoy puedes hacerlo como un cambio importante en ti.

Anda, anímate, no necesitas que nadie te lo festeje, a partir de hoy lo harás por ti, dile a tu cerebro que estás haciendo cambios para mejorar, date la palmada y repite la frase; ¡total!, seguramente nadie te está viendo y es un logro para ti, no hay nada que perder y, sin embargo, puede haber mucho por ganar.

Yo confío en que lo estás haciendo, así que nuevamente, **¡felicidades!**

Pero, ¿qué es lo que se vive en la adolescencia realmente para que duela?

Veamos en el siguiente capítulo qué es lo que verdaderamente hay que entender y comprender. Ya que ***no necesitas que alguien te comprenda o entienda, requieres comprenderte y entenderte a ti primero.***

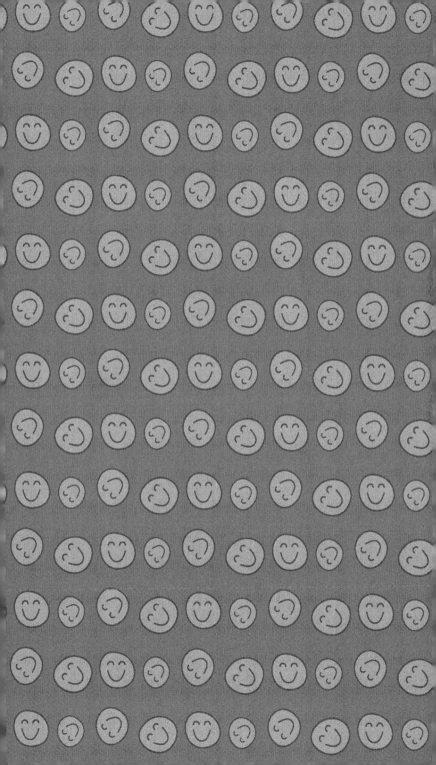

Capítulo 2
Etapas de búsqueda de identidad personal

SI LO QUE SE VIVE EN LA ADOLESCENCIA DUELE Y *EL DOLOR SE SANA CON ENTENDIMIENTO* y, además, sabemos que los "conceptos claros nos llevan a resultados correctos" —frase que expliqué claramente en mi libro *Cómo mentar madres con estrategia*—, empecemos a comprender lo que se vive en cada una de las etapas **normales** de la evolución de los seres humanos, para que puedas ubicarte y entender que **nadie es perfecto**; hay explicaciones que nos hacen saber que no somos "bichos raros", relajarnos y no sentirnos mal por no estar bien, sino emprender acciones de crecimiento y mejora continua en nuestra vida.

La Real Academia Española define **IDENTIDAD** como *"la consciencia que una persona tiene de ser ella misma y distinta a las demás"*, pero esa se va forjando a lo largo de la vida de cada ser humano. A pesar de cada individuo vive la vida y sus experiencias de forma distinta, hay épocas con características comunes que debemos tener presente.

Existen tres etapas en la vida de los TODOS LOS SERES HUMANOS llamadas "**búsqueda de identidad personal**" y se les nombra así, porque en cada una de esas etapas, generalmente no sabemos quiénes somos, mucho menos lo valiosos que somos —o lo dudamos— necesitamos comprobar de alguna forma que "sí tenemos identidad", pero al no saber cómo hacerlo, caemos en muchas frustraciones.

Por tanto, estas etapas tienen un común denominador, que es la puesta en marcha de nuestro *cerebro primitivo*, aquel que guarda nuestros instintos y perdura desde la época de las cavernas.

Cuando el hombre apareció sobre la faz de la Tierra, emergió con un corazón, intestinos, pulmones y, entre otras cosas más, una pelotita llamada cerebro primitivo que servía para dos cosas: *huir si sentía que estaba en peligro o atacar si tenía hambre.* Ese es el famoso instinto de supervivencia que perdura hasta nuestros días, cuando nos ponemos en alerta ante cualquier cambio o amenaza.

La masa encefálica, sin embargo, siguió evolucionando a lo largo de la historia y hoy tenemos tres cerebros: el *cerebro primitivo* que se desarrolló a lo que hoy conocemos como cerebro *reptiliano,* que es el que nos sigue previniendo (recordemos que los cambios en este cerebro se traducen como amenaza o peligro porque reflejan dolor, y lo que menos quiere sentir un ser humano es dolor, así que, por ello, mantiene la alerta pendiente en todo momento); también tenemos el *cerebro límbico,* que es el que maneja las emociones; y luego, el *cerebro neocórtex,* que es el que sirve para memorizar, analizar, comparar y razonar, entre otras funciones más.

Pero en definitiva, la pelotita inicial no desapareció, por ende, cuando el cerebro percibe la amenaza de un cambio y no sabe cómo manejarlo o se siente en peligro, pone en marcha el cerebro primitivo y reacciona instintivamente ante la alerta que le causa dolor, así que **ataca o huye**.

Esta reacción instintiva de atacar o huir, es repetitiva en cada etapa de búsqueda de identidad; ***cada ser humano reacciona de forma diferente entre estas dos respuestas del reptiliano según su personalidad***.

De allí que sea común que los seres humanos ante el cambio que no entendemos, no nos gusta o no queremos:

- **atacamos** y peleamos;
- o nos retraemos y **huimos**.

Pero mira la palabra que usé: "es común" y *que sea común no quiere decir que sea normal* ni que esté justificado o que todos debamos caer en ello, pues hoy en día, ya les mencioné que existen dos cerebros más que tenemos que aprender a utilizar y eso se hace a través del conocimiento y la práctica. A eso se le llama consciencia.

Pero, ¿qué es consciencia? *Con "s".*

Sí, dije con "s".

Vamos a seguir aclarando conceptos para tener mejores resultados; porque a veces los confundimos y enredan nuestras acciones.

CONSCIENCIA: con "s", según el diccionario de la Real Academia de la Lengua Española: *capacidad del ser humano para reconocer y percibir la realidad que lo rodea, para relacionarse con ella, reconocerse dentro de ella y reflexionar sobre ella; y es también el acto psíquico por medio del cual, el individuo se reconoce a sí mismo en el mundo.*

Muchas veces confundimos esta definición con la palabra **CONCIENCIA** sin "s", que es "*la capacidad de los seres humanos de distinguir y discernir entre el bien y el mal*, en un sentido más de moral y ética". En este caso, tiene que ver más con el *entendimiento*.

Y cuando lo escribimos con la "*s*" tiene que ver más con los ***actos que efectuamos, junto con la identidad y el lugar que ocupas en el mundo.***

En este capítulo voy a hablar entonces de la *consciencia* (con "s") de cada ser humano, que va ***reconociendo su identidad en cada etapa para redescubrirse, practicar y mejorar para relacionarse mejor con el entorno y crecer.***

Todos podemos mejorar si queremos y buscamos entender las herramientas para practicar.

Sé que no es de la noche a la mañana el cambio, pero créeme que veo resultados inmediatos en mis chicos y sus padres al ir a sesión y explicarles estos conceptos que vas a leer, porque al hacerlo, se quitan la sensación de ***"bicho raro",*** que siempre digo, es mi objetivo a eliminar en la primera sesión con Chetta, ya que manejan mejor su nivel de estrés al entenderlo. Hay que comprender que el estrés no es malo y que siempre estará presente, porque estamos creciendo y habrá incertidumbre en el aprendizaje y acciones por realizar.

Pero también hay que entender que existen tres niveles en el estrés: alto, medio y bajo; hay que tener cuidado con el alto y el bajo y, definitivamente, saber identificarlos y manejarlos. Te explicaré cada uno de ellos para que el concepto sea más fácil de asimilar para ti.

El ***estrés medio*** es el indispensable para sentirte vivo y que estás haciendo algo —para tener logros, la vida requiere de un cúmulo de actividades que estresan medianamente, como estar en el tráfico, hacer tareas de la escuela, estudiar para un examen, colaborar en las labores de la casa, elegir vestimenta para una fiesta, tener horario de trabajo y llegar puntual, entre otras cosas más—, este estrés es el que normalmente tenemos por las actividades que llevamos a diario. El Dr. César Lozano, dice de manera chistosa, pero acertada: "Los únicos no estresados están en el panteón, porque no están haciendo nada".

El ***estrés alto*** es el que genera ansiedad, piensas más en el futuro, en lo que va a pasar, no puedes dormir, tienes muchas ganas de comer, dolores de cabeza, palpitaciones fuertes del corazón o presión alta, entre otros síntomas.

El ***estrés bajo*** es el que genera depresión, piensas en el pasado, en lo que dejaste de hacer, en lo que pudiste hacer mejor, te culpas, te castigas, te enfermas, duermes de más para desconectarte, no comes, no hay ánimo ni ganas, entre otras cosas.

Así que el estrés medio no lo podemos evitar, pero hay que estar pendiente de no tener una sobrecarga emocional; si ya hemos caído en ello, existen mecanismos para manejarlo asertivamente.

Porque cuando las emociones nos secuestran, nos peleamos internamente o con todos a nuestro alrededor.

Ahí es cuando surgen algunas actitudes poco favorables que nos hacen "*llevar la contraria*". Muchas veces, padres e hijos caen en la actitud de enfrentarse, aun sabiendo que los demás son los que tienen la razón, simplemente por demostrar una identidad, autonomía o poder que aún no encuentran.

A esto le he denominado: "*el síndrome del mejor peor*", que consiste en la analogía interna del ser humano, donde analiza que **si no está haciendo nada bien,** *(entonces, como necesito hacer algo bien)***, voy a hacer algo que sé que no está bien** *(porque es lo único que sí sé hacer)***, pero lo tengo que hacer en GRANDE.**

En este actuar, muchas personas —grandes y chicos— utilizan este mecanismo equivocadamente para subir su autoestima, para creer que sí pueden hacer algo bien y en grande, aunque sea estropeando su propia vida.

Lo hacen como un mecanismo para DEMOSTRAR su identidad, pero les deja un gran vacío existencial.

Se requiere trabajar en su autovaloración incondicional.

Para ello, es importante aceptarnos y reconocernos tal cual somos y no como algo raro, así que veamos a continuación las tres etapas de búsqueda de identidad que experimentamos TODOS los seres humanos y lo que se vive en cada una de ellas.

Estas, de manera natural generan estrés en los seres humanos por presiones de las que no podemos escapar ni controlar, pero sí manejar.

Así que pon mucha atención y toma nota, porque es momento de entendernos más.

ETAPAS DE BÚSQUEDA DE IDENTIDAD PERSONAL

PRIMERA ETAPA DE BÚSQUEDA DE IDENTIDAD

La primera etapa son los famosos "terrible two", donde los niños tienen entre dos y tres años de edad y son rebeldes o retraídos.

En esa fase, los niños pueden mostrar dos tipos de acciones:

- No se quieren vestir ni comer, tampoco hacen caso —y mucho menos a sus padres—, no aceptan dormir solos y son *rebeldes* sin causa;
- Por otro lado, son niños *falderos*, no quieren hablar, saludar ni caminar; solo desean estar pegados a mamá o papá.

Esto tiene una razón de ser que, explicado de una forma muy simple, trata de que en el fondo, esos niños *"están molestos con mamá y papá"*, porque primero, tenían unos padres que le juraron amor eterno: los cargaban, los bañaban, los vestían, les daban de comer y hasta los limpiaban; de repente, ellos que tanto me amaban, ahora pretenden que camine, coma y me bañe solo y, lo peor de todo, me limpie solo (es por eso que el control de esfínteres es una etapa muy dolorosa para los infantes). Sufren porque es la primera vez que el ser humano siente un **abandono,** *por eso o* **se enoja** *o* **se apega** *más a los padres sin querer despegarse,* pero en el fondo, están enojados con ellos porque no los quieren perder.

Por otro lado, en esa misma etapa, el niño se da cuenta de que puede comer caminar o vestirse solo y siente **_alegría_**, porque descubre que logra hacer cosas por sí mismo, _una identidad y autonomía que no conocía._

Así que tiene una dualidad de sentimientos: alegría por poder solo y enojo por la sensación de abandono de los padres.

En consecuencia, su lógica lo lleva a aplicar la única salida que encuentra: **_"negarte para reafirmarse"_**, una reacción donde el niño entiende que si te dice que "no" a ti (recordando que además está molesto contigo porque cree que lo estás abandonando), es porque se puede decir que "sí" a sí mismo.

Si a los padres nos enseñaran a aplicar psicología inversa, le diríamos a nuestros hijos:

—No te vistas —y ellos dirían:

—Cómo no, dame esa ropa acá —y se vestirían exclusivamente por llevarnos la contraria. Así dejaríamos de pelearnos con ellos, pero nadie nos explica esto y lo que hacen los padres es bajarse a su nivel y discutir o incluso hacer berrinche como niños.

Esto es porque además, a los padres no nos enseñan a manejar nuestras propias emociones y nuestra frustración, de allí la importancia de estudiar técnicas de manejo emocional, razón por la cual les comenté que decidí escribir como primer libro uno que hablara sobre emociones, porque este tema seguirá siendo una base fundamental para tratar cualquier situación en nuestra vida.

Si estás en esta primera etapa de búsqueda de identidad con tus hijos, es importante dos cosas que siempre recomiendo:

-*Aprender a manejar las emociones*, porque el enojo, la frustración y la ira van a aparecer aunque no quieras. (Para ello, puedes leer mi primer libro *Cómo mentar madres con estrategia,* una técnica de manejo emocional asertivo o tomar el curso en línea *Mentando madres con estrategia* que está en mi página web).

-*E ir luego con un profesional* que te oriente en dos cosas:

- Técnicas específicas que aplicar con tus hijos según lo que están viviendo frustrante en esa etapa,
- Técnicas para que tú mantengas tu autoestima y te sigas sintiendo productivo y útil.

He encontrado que al ser esta una etapa muy frustrante, inmediatamente aparecen en madres —y en algunos padres también—, los sentimientos de *"para qué tuve hijos", "no estoy haciendo nada por mí", "nadie me da mi lugar", "nadie me ayuda", "nadie valora lo que hago y todo lo que dejé de hacer"*, entre otras más, que traen conflictos con los otros hijos y entre la pareja.

Y aunque este no es un libro para profundizar en esta etapa, requiero mencionarla porque es fundamental, trabajando en ella se pueden resolver más fácilmente muchas cosas en la adolescencia, porque los padres ya traeríamos práctica, experiencia y conocimiento.

Para ello, debe implementarse en terapia un **plan de acción,** ya que esta época no es para toda la vida, es *un momento de nuestras vidas*, donde definitivamente se debe trabajar la ***parte emocional de los padres, su productividad*** y ***autovaloración*** (la palabra autoestima no me gusta usarla y más adelante explicaré el porqué).

SEGUNDA ETAPA DE BÚSQUEDA DE IDENTIDAD

Luego, viene una etapa dorada donde los chicos entre los seis y hasta los nueve años van reafirmando su personalidad (entendiendo por esta, la que está formada por el temperamento y el carácter, conceptos que por su importancia, les dedicaré un espacio exclusivo en este libro para explicarlos). Si no hay una situación grave en el entorno familiar, *se vive paz*; sin embargo, se avecina la segunda etapa de búsqueda de identidad, la famosísima *adolescencia*.

ADOLESCENCIA: según el diccionario de la Real Academia Española: *La edad que sucede a la niñez y que transcurre desde la aparición de los primeros indicios de la pubertad hasta la edad adulta.* Es un término que se deriva del verbo latino *adolescere,* que significa "crecer".

Por ello, insisto en reafirmar que "**crecer duele**", cuando te crecen las muelas duele, cuando creces te duelen los huesos, entre otros ejemplos; así que podríamos decir que **adolecer es padecer**, porque "duele crecer"; *para crecer, hay que aceptar que se está incompleto* o **carente de algo; se requiere emprender su búsqueda** (y no siempre es fácil encontrarlo).

La mayoría de las personas tienen el concepto de que la adolescencia tiene una edad específica, pero en *mi opinión personal*, si leemos otra vez la definición dice: **"... desde la aparición de los primeros indicios de la pubertad hasta la edad adulta",** hay que entender con claridad que es pubertad y que es edad adulta.

Pubertad: es cuando inician los cambios físicos, psicológicos, emocionales y sociales que empiezan desde los diez u once años en algunas ocasiones.

Edad adulta: *no alude a una edad específica (no habla de mayoría de edad, sino de ciertas condiciones),* **se refiere a decisiones responsables**, por ende, **"no es lo mismo ser mayor de edad, a ser adulto responsable",** por eso, para mí hay adolescentes de cuarenta años que aún viven dependientes o en casa de sus padres, sin hacerse cargo responsable de sus vidas.

Pero el tema fundamental de la adolescencia es que <u>**lo que duele, es tener que tomar decisiones**</u>, porque desde pequeños NO nos enseñaron a tomarlas, nuestros padres las tomaban por nosotros (siempre recomiendo a los padres de hijos pequeños aprender estrategias fáciles para marcar parámetros y enseñarles a elegir, decidir y reforzar esa habilidad decisiva desde chicos).

Entonces, por supuesto que *aterra* tener que tomar una decisión, primero, por *miedo a equivocarnos;* segundo, por *falta de práctica,* pues siempre nos dijeron lo que teníamos que hacer.

Ahora, en esta segunda etapa de búsqueda de identidad llamada adolescencia, ***la vida, la sociedad y el tiempo, los empujan a tener que tomar decisiones importantes y trascendentales*** que tienen que ver con el futuro y para "TODA la vida". Qué frase tan aterradora ¿verdad?

¿Cómo no nos va a doler atravesarla?

Estoy convencida de que *el cerebro tiene más paz* cuando en vez de pensar que algo es "para toda la vida", asumimos como los grupos de AA, que es solo "por ahora".

Si recapacitáramos en dar cada día (un momento específico del ahora) lo mejor de uno mismo, las cosas buenas se mantendrían toda la vida y dejaríamos de confiarnos o de agobiarnos; recordemos que ***el cerebro se va al futuro para angustiarse o al pasado para sufri****r*, **pero eso es porque no tiene un plan de acción en el cuál concentrarse en el momento presente.**

Tu responsabilidad es buscar a los profesionales que te ayuden a encontrar planes de acción específicos para las áreas en que requieras apoyo en tu vida.

No se te tiene que ocurrir a ti qué hacer, pero tu compromiso sí es ir a buscarlo en un profesional, para practicarlo y obtener los resultados deseados.

Al no tener un plan específico, a los adolescentes les aterra saber que pueden fallar al tomar decisiones, por eso es tan importante para ellos aprender sobre el buen manejo emocional y que les apoyen a elaborar dichos planes, para actuar asertivamente.

Los jóvenes se enfrentan en esta etapa a grandes decisiones que no saben cómo manejar y que por lo tanto les "duele". ***El problema del que adolecen, que les duele, es que esas grandes decisiones tienen que tomarlas "aunque no quieran"***, ya que la vida, la sociedad y muchos de los padres los empujan, aun inconscientemente.

Son tres decisiones muy peculiares alrededor de tres grandes temas, que además *no tienen seguridad ni certeza de sus resultados,* por lo cual, se activa la alerta en su cerebro primitivo (y mientras no tengan certeza, no hayan tomado la decisión ni estén satisfechos con ella, van a seguir viviendo un tema emocional que requieren aprender a manejar).

Por ello, reafirmo que para mí, *no es una etapa que tenga que ver con una edad específica, sino que tiene que ver con elecciones que les hagan tener absoluta tranquilidad e independencia total.*

Veamos cada una de estas áreas en las que hay que tomar decisiones trascendentales.

ÁREAS Y ETAPAS IMPORTANTES EN LA ADOLESCENCIA

Las tres áreas importantes donde hay que tomar decisiones trascendentales en la adolescencia son las siguientes:

1. Pareja.

En este periodo, los seres humanos están en búsqueda de compartir lo que "son" con una pareja; aprender a elegirla puede incluir ciertas complicaciones, pues el adolescente apenas está en su propia búsqueda de identidad como persona, descubriendo qué tiene para compartir. Si no se sienten guapos o atractivos (que son dos cosas distintas, ya que el primero tiene que ver con que se guste físicamente con lo que ve frente al espejo; mientras que el segundo con que se sepa "con pegue", que atrae a las personas, se trata más de la energía que irradia, que cómo se ve); si alguien ya les rompió el corazón o vieron que se lo rompieron a alguien más; si el matrimonio de sus papás es tan perfecto que no creen poder alcanzarlo; o por el contrario, fue tan pésimo que no se quieren casar ni tener hijos (hoy en día ya nada se subestima y todo para ellos es un punto de comparación); si los demás ya tienen pareja y ellos no; si mi amiguita tiene novio ¿yo también debería de tener?; si mis amigos ya se están casando ¿me estoy quedando atrás?; me voy a quedar solterón o solterona, ¿ya debería de estar con alguien?

Aunque no lo quisieran, la edad y el paso del tiempo les dice: "si ya los demás lo están haciendo, ¿tú para cuándo?"; todo esto genera una presión social interna que les detona ansiedad, angustia o frustración.

Por otro lado, hay un tema que hoy por hoy, con tanta apertura en la información, les inquieta y les hace dudar muchas veces sin ser exactamente lo que les corresponde: ***tener dudas de su sexualidad*** (este es un tema que puede parecer polémico para los papás, pero que en realidad es muy sencillo si buscan expertos que les puedan orientar bien, pues ***se ha confundido mucho preferencia sexual con identidad*** y no es lo mismo; al no tener claros estos conceptos, se han creado tantos géneros intentando encontrar identidad, acrecentando las ***dudas en su sexualidad***, cosa que les confunde más para encontrar lo que realmente están buscando, que es su **identidad personal,** aquella de la que hablamos al definir la palabra consciencia con "s" como *el acto psíquico por medio del cual el individuo* ***se reconoce a sí mismo en el mundo***; puesto que la preferencia sexual, que se entiende es privada y no tiene que sustentarse ni justificarse, mucho menos pelearse, solo tiene dos vertientes para elegir, sexualmente hablando).

Todo esto merma su libertad o su facilidad de tomar una decisión ante este entorno y, repito, les genera un cúmulo de emociones que requieren aprender a manejar mientras no encuentren la estabilidad con una pareja. De hecho, en mi primer libro hay todo un capítulo que explica cada una de las emociones básicas de las cuales ningún ser humano puede escapar (AMATEE) y la diferencia entre emoción y sentimiento, pues no es lo mismo amar a codepender de alguien. Muchas veces los chicos confunden amor con admiración por aquello que emocionalmente les hace falta y que solo requieren acomodar primero en ellos mismos, antes de elegir relacionarse con una pareja.

2. Estudio y trabajo:

En esta faceta, lo que se mide como identidad en el adolescente es, descubrir sus habilidades y adquirir conocimientos para dedicar su vida a una profesión que les haga sentir satisfechos y plenos. La duda viene si el chico no sabe en qué es bueno o cuál es su talento ni qué quiere estudiar, peor aún, no definir realmente si quiere estudiar o no; si sus padres quieren que curse la misma carrera que ellos o vayan a la universidad a la que asistieron, que quizá no les gusta o no pasan el examen; tal vez sus padres desean que entren al negocio familiar sin título; puede ser que la universidad que escogieron, sus padres no la puedan pagar o simplemente no quieren que estudie fuera de la ciudad en que viven y ellos quieren aplicar al extranjero; simplemente no sabe el qué carrera elegir entre tantas opciones que hay o si sus amigos ya escogieron y ellos no; en fin... tantos temas relacionados emocional y angustiosamente para elegir carrera, que generan en sus cabezas pensamientos como "más me vale que no me equivoque porque *a eso me dedicaré toda la vida*", les aterra enormemente.

Aunado a ello, incluso una vez dentro de la carrera, se dude si se eligió la correcta o que en el camino descubran que la elegida no les terminó gustando; puede ser que no tengan la capacidad intelectual para aprenderla ni las habilidades que se requerían para desarrollarla; con todo, se sienten presionados a seguir en ella sin poder cambiarla.

Todo esto puede ocurrir, aunque tal vez para algunos puede que no haya sido complicado elegir qué estudiar, pero al terminar los estudios, la vida te empuja nuevamente a otra decisión en esta área que es "elegir trabajo"; ahora el tema es si no encuentra o lo que encontró no le paga el nivel de vida que quiere mantener; lo *"tratan mal"*, piensa que sus jefes son muy exigentes o no dan la talla; si eligió emprender y el negocio no fue lo que esperaba, entre otros muchos temas relacionados... creo ya me captaste bastante bien, aparecen nuevamente sentimientos nada favorables en el ser humano que se requieren trabajar y es mejor si se hace de la mano de un profesional en emociones y un *coach* estratégico para el tema laboral o de orientación vocacional.

De hecho, es muy importante en esta etapa la orientación vocacional certera, pues las personas elegimos la carrera no siempre por nuestro talento, sino por el vacío emocional que requerimos comprender y llenar, esto es algo digno de invertirle tiempo para tener personas felices, plenas, apasionadas y profesionales en sus áreas de manera integral.

3. CÍRCULO DE AMIGOS:

Jim Rohn, un exitoso empresario estadounidense, con una gran influencia en el desarrollo personal, expresó que *"eres la media de las cinco personas con las que pasas más tiempo"*, de allí la frase muy escuchada y leída **"eres el promedio de las cinco personas que te rodean";** es de suma importancia este tema en la adolescencia, pues con quien te juntes, influirá de manera positiva o negativa en ideas, pensamientos, formas de sentir, estilo de vida, reacciones, hábitos, visiones futuras y acciones que con el vínculo, cercanía y periodicidad se intercambian. Los muchachos, al querer encontrar su identidad, la única forma de reafirmarlo en ellos, es con la única decisión de la que "creen" estar seguros o "pueden confirmar" que es propia de ellos y les pertenece, que es la elección de sus amigos, pues todo lo demás lo deciden sus padres y la vida misma por ellos.

La mayoría de las veces, los chicos no suelen tener bases importantes ni sabias, tampoco la madurez intelectual para tomar ese tipo de decisiones, detonando el conflicto con los padres e iniciando las discusiones. Más si los papás observan ciertas características que no son favorables en las personas con quienes se rodea su hijo, no les gustan los amigos que tienen, detectan que son mala influencia, no le aportan crecimiento, los mantiene retraídos o simplemente si no quieren tener amistades y se sienten presionados por ello. Los padres en esta área además no saben manejar su frustración e impotencia, pues creen que los hijos los atacan por llevarles la contraria o por defender a sus amigos que los tienen influenciados; pero los hijos ***"defienden a capa y espada <u>no a sus amigos realmente</u>, sino a la <u>elección</u> que ellos hicieron"***, están buscando identidad.

A decir verdad, lo que protegen es el profundo sentir de la necesidad de tener una identidad, autosuficiencia y autonomía, a pesar de que muchas veces sepan que sus padres tienen la razón y que sus amigos no les están aportando más que dudas, inseguridades, malos hábitos y problemas emocionales, entre otras cosas, *coinciden con un grupo, porque lo atraen con sus propias dudas e inseguridades, buscan unirse a personas que reafirmen que no son los únicos y así no sentirse "bichos raros".*

En realidad, lo que se debe hacer es buscar apoyo, alguien profesional que les ayude a encontrarse a ellos mismos y su lugar en el mundo, contagiando a otros a salir adelante de igual forma y no de hundirse con ellos y sus necesidades emocionales. Pero es RESPONSABILIDAD de los padres buscar ese apoyo, ustedes son los adultos responsables; hay que entender que responsabilidad no es carga, sino la habilidad para responder ante las situaciones que se presenten.

Como padres, deben acercarlos con profesionales y, en el peor de los casos, respetarles el no seguir con alguno en particular si no les agrada el trato, pero eso no quiere decir que no debas seguir buscando a aquel profesional que haga "clic" con tu hijo y le aporte las herramientas necesarias en esta etapa; no desistas en buscar, solo entiende que *la pelea de los adolescentes con los padres persiste, por la necesidad de reafirmar su identidad y creer que no se están equivocando, "no es en tu contra", no lo tomes personal, no discutas ni pelees,* tú eres el adulto, no te enganches y aprende a manejar tu frustración y emociones.

Esta área de decisión —para mí—, es la más riesgosa en el adolescente, porque influye en la de pareja y definitivamente en la profesional y, sobre todo, en la dinámica familiar. Saber elegir tu círculo, reconocer que las amistades sí influyen y que somos el reflejo de aquellos que más frecuentamos (incluso a quienes sigues en redes sociales, escuchas y ves, aunque estés solo en tu cuarto con un dispositivo enfrente, logra el mismo impacto que aquellos amigos con los que te reúnes físicamente), por lo que *los papás sí tienen la responsabilidad de <u>conocer y convivir con las amistades de sus hijos</u> y sus respectivas familias, saber cómo son y qué les aportan, <u>revisar dispositivos</u> y estar pendientes de los que ven sus hijos en redes. Aunque te cause conflicto con tus hijos, es parte de tu trabajo como padre responsable, pero no se hace de manera arbitraria ni autoritaria,* se busca apoyo profesional para que te den técnicas y herramientas, porque *no se practica tampoco a escondidas, sino con acuerdos previos.*

ETAPAS DE BÚSQUEDA DE IDENTIDAD PERSONAL

Muy seguramente ni a ellos mismos les gustan sus amigos, pero no creen poder tener un nuevo grupo de amigos; si los tratan mal o los "bulean", no saben cómo manejarlo; si no sienten que esos compañeros les ayuden a prosperar, no saben cómo hacerse de otros; si no les aportan nada bueno, o están en adicciones o malos hábitos, muchas veces no saben cómo salirse del grupo por amenaza o inseguridad personal y aceptan retos para demostrar que "son y valen"; si los sacaron o abrieron un nuevo grupo y no los incluyeron, sienten que no valen, se retraen y buscan a cualquiera que los acepte, sin importar lo que le aporte; otras veces, prefieren quedarse en soledad; existen muchos aspectos más relacionados con el tema que les generan ansiedad, depresión y desesperación, empujándolos muchas veces a decisiones contrarias a las que les llevaría a un sano crecimiento personal.

Gracias a la globalización, el tema digital y la pandemia, todas estas áreas se agravaron más de lo normal: en cuanto a pareja, belleza y autoestima; en el rubro de trabajos, proyectos, fama, éxito profesional y dinero, e incluso en el tema círculo de amigos y seguidores, la comparación se disparó, ya no es como antes.

Los parámetros de comparación hoy son exorbitantes y exagerados, causando en los adolescentes su ansiedad más grave; **no podemos quitarla, hay que aprender**

a manejarla, ya que equipararte con los demás es para trazar metas, pero el enfoque debe quedarse en la comparación contigo mismo, con ser y llevar un registro que te compruebe ser mejor de lo que eras ayer.

De hecho, usan la comparación no para marcar un objetivo y crecer, sino para caer en una COMPETENCIA, sin entender que esta palabra *no viene de competir*, sino de "ser competente", dos aspectos que no generan la misma sensación emocional, pues al competir, alguien gana y otro pierde; pero al ser competente, muestras día a día tu avance y crecimiento y alguien te podrá ganar, pero tú nunca vas a perder, pues puedes ver lo que otros han logrado para marcar un nuevo plan de acción, practicar en tus habilidades, desarrollarlas y ser mejor.

Esto lo expliqué claramente en el libro *Cómo mentar madres con estrategia,* cuando explicaba el concepto de ENVIDIA, pues la que se refiere a la frase: "alguien tiene algo que yo quiero y no tengo", es para establecer objetivos y metas para lograrlo por tus propios medios y a tu propio ritmo, no para caer en el victimismo de que tú estás por debajo de alguien más.

Recapitulemos: todas estas áreas manifiestan emociones que hay que entender y que normalmente, son las un ser humano siente —y ha sentido— desde siempre en la etapa de la adolescencia.

ETAPAS DE BÚSQUEDA DE IDENTIDAD PERSONAL

En cualquiera de las tres etapas, ***además de los problemas emocionales, los chicos sienten que hay cambios por hacer, que no entienden y no quieren, por lo que su cerebro marca alerta.***

La alerta les recuerda dolor e inmediatamente entra el instinto, porque no están pensando; por eso, <u>**atacan y se pelean, son rebeldes y quieren luchar por ciertas causas; o **huyen**, son retraídos, y se deprimen; tienen autoestima y autovaloración baja y no quieren salir de su cuarto o su mundo.</u>

Nuevamente, aquí aparece el cerebro primitivo ante un cambio, una amenaza o duda que duele; eso REQUIERE TRABAJARSE CON UN PROFESIONAL.

Castigándolos, pegándoles, gritándoles, quitándoles cosas y privilegios, NO entenderán los adolescentes.

Se supone que los padres son los adultos y, lo que hay que hacer, es ***dialogar, enseñar, guiar y acompañar***; <u>somos sus guías, no sus dueños;</u> al ordenarles, lo único que lograremos será ver adolescentes que se van de casa sin rumbo y sin certeza, manteniéndose alejados y enojados con sus padres.

Tampoco necesitamos papás permisivos que los suelten y les digan que la vida les va a enseñar a golpes, para eso se supone que estamos los padres, así que es nuestra responsabilidad buscar apoyo, aprender y solucionar.

Pero los chicos deben estar abiertos y receptivos al *feedback*, a la retroalimentación, a ser guiados y orientados, entendiendo que esta identidad no la tienen que descubrir solos y que sí se les puede orientar.

<u>Solos no se puede</u>, además, todo evoluciona y siempre hay nuevas técnicas y descubrimientos; por eso, es de sabios vivir estas etapas tomados de la mano con alguien que sepa, que esté constantemente investigando y te dé estrategias certeras que mejoren aquellas que se van quedando obsoletas.

Bien lo explicaba en mi anterior libro: en general, el manejo de las emociones tanto para adultos, niños y adolescentes, se quedó obsoleto en cuanto a las teorías psicológicas que se tenían antes y que nos habían enseñado nuestros padres, aquellas como que "hay que ser valientes y no hay que tener miedo" (cuando es normal tener miedos, solo hay que aprender cómo manejarlos y eso es ser muy valiente); que "no te enojes porque el que se enoja pierde" (cuando normalmente uno dice "pues ya perdí, ya me enojé, ¿ahora que hago?"), entre muchas más que allí puedes encontrar.

ETAPAS DE BÚSQUEDA DE IDENTIDAD PERSONAL

Eso era el común denominador de lo que yo venía trabajando desde hace mucho tiempo con mis pacientes, pues estudiaba las teorías existentes, pero además, incluía algunos nuevos agravantes y avances; así que los padres tenemos un gran reto ante el manejo emocional con los chicos, el problema es que nosotros también estamos pasando por una etapa complicada para nuestras propias emociones internas de manera simultánea, lo cual empeora nuestras relaciones más cercanas; esa es la tercera etapa de búsqueda de identidad por la que pasa un ser humano y que veremos a continuación.

TERCERA ETAPA DE BÚSQUEDA DE IDENTIDAD

Al no entender los problemas de sus adolescentes, los padres se hacen algunas preguntas recurrentes como:

- **¿Qué he hecho mal?**
- **¿En qué me he equivocado?**
- **Si les hemos dado todo lo que nosotros no tuvimos, ¿por qué están así?**
- **Si esta época es mejor que la nuestra y no les falta nada, ¿por qué se sienten mal?**

Entre muchas más, con las cuales —estoy segura— te identificas.

Cada una de ellas les lleva a la sensación de culpa que produce frustraciones y consecuencias. Ahora bien, la culpa es el nivel energético más bajo que tenemos los seres humanos y hay que trabajarla en urgencia.

NADIE ESTÁ MAL, *nadie se ha equivocado*, solo vivimos épocas distintas; hay que comprenderlas y aprender a manejarlas.

Adolescentes, entiendan que cuando un papá te dice: *"es que no deberías de sentir esto, es que deberías estar bien"*, **es su miedo el que te está hablando.**

ETAPAS DE BÚSQUEDA DE IDENTIDAD PERSONAL

Pero papás, decirle eso a tu hijo no le permite que te cuente lo que está sintiendo, es tanto el miedo que ellos tienen, que entonces lo que hacen es enojarse, retraerse, atacar o huir y eso no te conviene.

Recuerda que ***lo que resistes, persiste;*** si lo resisten ellos y también tú, luego brincará con mayor fuerza, así que además de entender lo que vive el adolescente, hay que comprender también lo que viven los padres es su etapa.

En esta tercera etapa de búsqueda de identidad se presenta la famosa "crisis de la mitad de la vida", o lo que algunos llaman la "crisis de los cuarenta", pues en una época se llegó a pensar como común denominador, que los seres humanos vivían un promedio de ochenta años y cuarenta era exactamente su mitad. Hoy, la pregunta que tenemos que hacernos con sinceridad, es ¿cuántos años crees que pueda vivir un ser humano?, la respuesta te arrojará desde los setenta hasta los ciento veinte años de edad, lo cual nos indica que las posibilidades de una crisis o revisión de la mitad de vida, se puede presentar a los treinta y cinco, cuarenta, cuarenta y cinco, cincuenta, cincuenta y cinco o sesenta años y hay que estar preparados para ello.

¿Por qué se le llama así?

Porque cuando llegamos a lo que nuestra mente cree que ya es la mitad de nuestra vida, sabiendo que no tenemos asegurado el camino por delante, procedemos a una revisión —lo que le llamo hacer "un corte de caja"—, tomándonos una pausa para voltear a ver el camino que llevamos recorrido y preguntarnos ***si lo que hemos hecho hasta ahora nos gusta o no***; si la respuesta es satisfactoria, continuamos sin mayor problema, pero si sentimos que no hemos disfrutado, que nos faltaron cosas por hacer o que no hemos construido nada productivo, entre otras cosas más, se generará una gran ansiedad interna.

Nuevamente aparece el cerebro primitivo en acción, que ante cualquier cambio drástico que el adulto crea que tenga que hacer con su propia vida, ya sea su nueva validación de la identidad que creía formada y asegurada, una amenaza latente que proviene incluso de los hijos sobre aquello que ya tenían consolidado o dude de sí mismo y le duela, inmediatamente elige uno de dos caminos:

-o <u>ATACA</u>: algo que normalmente hace con los más cercanos y busca problemas que no quiere tener, pues supone que es una etapa donde debe disfrutar... donde "ya le toca disfrutar";

-o HUYE: acción que no es el común en la mayoría de los padres, pero que sí existe, donde eligen dedicarse exclusivamente a sus vidas y olvidarse del resto del mundo, porque no tienen tiempo que perder; en el peor de los casos están también los que se enferman y es su manera y mecanismo INCONSCIENTE de no estar presentes; todo esto requiere trabajarse también con un PROFESIONAL que te ayude a recordar que en esta etapa, la palabra crisis no es sinónimo de problemas, sino la invitación a hacer uso de nuestra creatividad.

El común denominador de los que viven esta tercera etapa de revisión es "que tienen hijos adolescentes", y esto ya es una <u>doble explosión emocional:</u> la de sus adolescentes sumada a la crisis de la mitad de vida de sus padres.

¡Es un gran choque!

Sin embargo, existen escenarios <u>más complicados aún,</u> hay muchas personas que viven un segundo matrimonio, o una relación de pareja con hijos pequeños en los "terrible two" y adicional a ello, los hijos adolescentes de su primer matrimonio.

¿Te puedes imaginar el cúmulo de emociones con esta mezcla de las tres etapas de búsqueda de identidad juntas?

Incluso, hay padres que se culpan por haberse divorciado de los respectivos padres de sus hijos y creen que por eso viven lo que viven con sus adolescentes. Esto no es del todo así, sí es cierto que pueden agravarse cosas con un divorcio, pero ya expliqué que hay características que se viven de manera natural en los adolescentes porque están buscando su identidad y que no podemos evitar; no obstante, a veces para los chicos y chicas, es más fácil culpar a sus padres y su separación, que asumir la responsabilidad de las decisiones que tienen que tomar; *esto es algo que un profesional te puede aclarar con tu caso en particular.*

Definitivamente, se vive una locura en esos hogares y la única manera de sobrevivir —sin daños colaterales—, es con el apoyo de profesionales expertos en el ramo, para aplicar estrategias de comunicación efectiva y de un buen manejo emocional.

Por otro lado, esta etapa le permite a los adultos seguir haciéndose responsables de su continuo crecimiento y mejora personal, puesto que nunca se deja de progresar y no te puedes olvidar de ti mismo. Se requiere un plan estructurado para ti como persona y otro en tu rol de padre o madre, que no puedes evitar.

Pero para los latinos esto es muy complicado, porque los papás —por programaciones que veremos más adelante—, se olvidan de sí mismos y quieren controlar (no orientar) a sus hijos, poniendo toda su atención solo en ellos.

Por un lado, siguen solucionándole todo a sus hijos y no los sueltan, pero por el otro, lo sufren, ya que quisieran que fueran independientes en todos los sentidos para no tener que preocuparse por ellos. Esto nunca les va a dar paz emocional, porque lo que quieren es *que actúen como ellos creen que deberían de actuar*, <u>sin observar la lección propia que ellos traen para apoyarlos en encontrar juntos las soluciones.</u> Parece complicado, pero cuando tienes la estrategia, es más sencillo de lo que piensas.

Mencioné que para los latinos esto es más complicado, porque culturalmente desde la época de la "conquista" (como nos quitaron lo nuestro, hasta desconfiamos de nuestros propios talentos), hemos crecido acostumbrados a **_aferrarnos_** a las cosas, así como a **_no querer soltar_**, porque no queremos generar más pérdidas, arrastrando con ello el peso que genera el control.

Culturalmente por ejemplo, los mexicanos tenemos celebraciones tradicionales con la espera de que nuestros muertos regresen el 2 de noviembre de cada año a visitarnos, "no nos enseñaron a soltar".

Mucho menos queremos soltar a nuestros hijos y, si seguimos la línea, queremos hasta educar a nuestros nietos, cosa que nos impide tener buenas relaciones de pareja como adultos mayores.

Al nacer nuestros hijos, nos convertimos en proveedores obsesivos, sin dedicar tiempo para hacer de ellos personas verdaderamente autosuficientes de forma física, mental, emocional, social y económica.

El factor de protección de los padres no está en sobreprotegerlos, consiste en buscar apoyo, eso sin duda incluye reconocer *"que algo no está bien y <u>necesitamos ayuda todos</u>".*

Sin embargo, he visto muchos papás que dicen: *"no es nada, se le va a pasar, nosotros nunca fuimos a un psicólogo, no está comiendo porque está deprimido porque no está viendo a los amigos y no es tan grave".*

¡Y vaya que me he frustrado! He tenido casos donde la indiferencia de los padres, les ha llevado incluso a la pérdida de la vida de sus hijos. Algunos ***<u>no ponen límites</u>***, simplemente porque ***les aterra la idea de que se alejen o los dejen de querer***, pero estas son heridas emocionales de su propia infancia que requieren sanar, ***"la armonía no la sostiene quien siente culpa o culpa a otros más".***

De hecho, aunque uno como papá no vea nada grave emocionalmente hablando en sus hijos, todos requerimos mejorar en algo (nadie es perfecto). Algunos tendrán problemas emocionales y de autoestima, otros de egocentrismo e indisciplina, algunos en falta de motivación o los que no les apasiona un *hobbie* y solo se enfocan en el estudio o ser profesionales, entre otros ejemplos más. Pues la vida debe ser equilibrada en todas las áreas, el crecimiento es íntegro y balanceado, todos los extremos dan problemas, por ende, solo requerimos conocernos y siempre estar pendientes de nuestras áreas de oportunidad y de las de nuestros hijos.

Aunque definitivamente, *con tanta información y tecnología, los adolescentes podrían ser más sabios y conseguir guía,* de este modo, sus padres al darse cuenta de sus avances y sentir apoyo en la función educativa, podrían relajarse un poco más y dedicarían más tiempo a sí mismos y a disfrutar su relación de pareja y les darían mayor libertad porque sentirían la confianza de saber que están siendo bien orientados al ver sus cambios.

En consecuencia, el trabajo debe ser de ambas partes de colaboración conjunta, de no ser así, se sufrirá en esta etapa, porque todos están buscando su lugar e importancia en este mundo y la sociedad.

Los padres quieren hijos sin problemas para disfrutar de una etapa de vida en absoluta libertad; *pero al controlar y no dialogar*, el resultado es la frustración en todos los involucrados; los adolescentes quieren demostrar lo que "aún no son", sin buscar información de valor.

Cuando los padres comprenden que no pueden controlar lo que sus adolescentes sienten y hacen, aparece un círculo vicioso que requiere de mucha estrategia, astucia y manejo emocional de los papás, que son los verdaderos adultos responsables y guías de la ecuación.

Ante todo esto, lo que normal y erróneamente hacemos padres e hijos, es **tomarnos las cosas personal** y allí aparece la *ira* en alguna o ambas partes, la cual se puede volcar hacia dentro de uno mismo (cuando implosionas, enfermas o te deprimes) o hacia afuera de uno mismo (cuando explotas, discutes y te exaltas), surgiendo los conflictos más comunes entre padres y adolescentes.

Mi sugerencia antes de atender a los adolescentes solos en terapia, es invitar en una primera sesión también a sus padres, para escuchar todos juntos lo que se vive y siente en cada una de las etapas de búsqueda de identidad, así, se podrán comprender mutuamente y entender que nadie está mal; enseñarles a salirse de la historia quitando el "me" (no "**me**" está gritando, retando, controlando, etc., sería "**está**" gritando, retando, controlando, etc., *no es contra mí*, es algo que la persona trae y debo comprender en qué parte de su etapa de identidad se está conectando); posterior a ello, hacer un ***coaching de comunicación*** que les apoye en **generar acuerdos**.

Tener mezclada siempre la crisis de mitad de la vida de los papás y la adolescencia de sus hijos, genera riesgos. Es un choque muy grande y, a veces, se necesita un tercero. Siempre digo que la terapia es básica, porque tiene que haber una persona que no esté involucrada, que te apoye a hacer las preguntas correctamente y te dé las estrategias que no sabes o no te atreverías a preguntar; esa es la diferencia, esa es la solución.

Estas tres etapas de búsqueda de identidad personal, se agravan con circunstancias personales y particulares que —como lo mencioné en algunos ejemplos—, a lo largo de la historia se han visto agravadas e intensificadas por situaciones peculiares y genéricas que veremos a continuación.

Capítulo 3
Agravantes que intensifican las etapas de búsqueda personal

VIMOS YA LAS ETAPAS NORMALES POR LAS QUE ATRAVIESA UN SER HUMANO, ahora bien, mencioné ciertas situaciones que *las intensifican y agravan,* aparte de las que ya estaban por naturaleza humana y se adicionan nuevas que no existían ni tenían, marcando un doble factor muy peculiar que manejar; aquí las voy a enfatizar.

Se debe entender y tomar en cuenta que las **crisis** agravan cualquier etapa normal de vida, pero mencioné también que *"crisis no es sinónimo de problema"*, sino **"la oportunidad que tenemos los seres humanos para** *resolver algo", para sacar nuestra creatividad.*

"La crisis te hace crecer, no te debería hundir".

Las crisis hacen que surja tu creatividad, que salgas de tu zona de confort, que busques apoyo, que busques herramientas y crezcas.   Eso es evolucionar.

Veamos algunos agravantes que se tienen en todas las etapas actualmente, para tenerlos identificados:

1. PROGRAMACIÓN CULTURAL DE LOS LATINOS:

Culturalmente hablando, desde la época de la conquista los latinos traemos cargando programaciones que no nos benefician, sino que agravan los procesos naturales. La "conquista", ¡imagínate!, ¿cómo llamarle así?, si no se llevaron flores ni chocolates, como siempre digo, lo que hubo fue despojos y dudas; nos dejamos decir que "nos descubrieron", llegaron a América y nos dijeron "te descubrimos", ¡cuando ya existíamos!, debió haber sido "los encontramos"; entonces, el problema no está en que alguien nos diga que "nos descubrieron", sino en toda la mentalidad que nos creímos y las dudas al sentirnos que estábamos por debajo de alguien; eso es lo que hizo que no valoráramos nuestras tierras o talentos, entre otras cosas; tuvimos que trabajar para señores feudales en nuestras propias tierras, intercambiando comida por algunas cosas novedosas y no apreciamos nuestra propia riqueza, ¿en qué se traduce eso?, ***en no valorar la propia valía como ser humano.***

Nos guste o no, arrastramos **mediocridad** y esa parte de ***ser víctima,*** (de decir, mira lo que me hicieron, lo que me pasó, lo que me está ocurriendo), cosa que adultos y adolescentes, requerimos aprender a manejar, pues no nos permite crecer, muy por el contrario, nos hace caer en aquello a lo que llamo *"**los** cinco **distractores del éxito: quejas, críticas, justificaciones, buscar culpables y la burla o sarcasmo".***

Cada una de ellas impide tu crecimiento en todas las áreas de tu vida y son, exactamente, las posiciones en la que más caemos los seres humanos. Así que una buena práctica para contrarrestar esto, son las repeticiones diarias de *"frases de poder",* que reprogramen aquello que no traemos adecuadamente establecido. Algunas frases de poder que podrías empezar a repetirte son: ***"yo soy una persona muy valiosa", "yo merezco todo lo bueno y actuar en consecuencia para conseguirlo", "el autorreconocimiento está en mí", "yo aprendo día a día y me enfoco*** solo ***en aquello que me conviene para crecer";*** confío en que a estas alturas de la lectura, ya tienes algo con qué y dónde escribir, para poner estas frases cerca y repetirlas constantemente. Ándale, empieza hoy mismo, repítelas en voz alta y reprograma tu valor.

2. LA HISTORIA FAMILIAR:

Definitivamente cada familia tiene su historia y TODO influye (aunque no determina, sí "influye"), muertes, divorcios, secretos, mudanzas, pérdidas, peleas, discusiones, infidelidades, robos, despojos, entre muchas situaciones más, que simplemente requieren reconocimiento y acomodo de la mano de un profesional. Todo lo que has vivido en tu entorno familiar, <u>no se olvida, pero no determina</u>, tú puedes hacer los cambios.

Mira, el cerebro nunca borra absolutamente nada, podríamos recordar hasta nuestro vientre materno si quisiéramos (con lo lindo y lo no tan lindo), entonces, no hay que pelearse por si quedan secuelas o no, hay que *<u>aprender cómo recuperarnos cuando las secuelas aparecen</u>*, es lo que expliqué en mi primer libro con el "efecto resorte". Si me digo: "es que yo no debería de sentir esto otra vez" <u>y ya lo estoy sintiendo</u>, "es que no me debió tocar la familia que me tocó", <u>pero ya la tienes</u>, "es que no es justo todo lo que he vivido", <u>aun así, ya lo viviste</u>; ninguna frase cambiará lo que ya ha pasado y justo lo que no quería que se viera, se va a notar más; al rebotar, puede herirme a mí o incluso a otros sin querer, pues *lo que resistes, persiste* —ya lo había mencionado—.

¿Qué se hace? Se maneja y se decide. *Tú no puedes cambiar tu pasado, pero sí puedes crear un mejor futuro* y eso se aprende y se practica con los profesionales que te apoyamos en eso. Una de mis frases distintivas es: *"Yo no necesito en esta vida gente perfecta, sino gente que se recupere rápido";* tú no eres culpable de nacer pobre, pero sí de morir pobre, y pobre no solo se es en el dinero, sino en las relaciones, en la salud, en la abundancia, en la belleza, en lo social, etc.

Si la vida que te dieron tus padres no te ha gustado, solo tienes que ser agradecido con la oportunidad que te dieron de estar vivo, y ponerte a construir lo que tú crees que mereces; ellos, como digo en mi video *Había una vez... transformando herencias,* que lo puedes encontrar en mi canal de YouTube @chettamotiva, *"solo te dieron lo mejor que pudieron con el entendimiento que tenían en ese momento que vivían",* no te deben nada, te pudieron haber abortado y no lo hicieron, te dieron la oportunidad de vivir, TODO lo que no te gusta lo puedes transformar cuando decidas crear tu propio futuro.

Pero qué miedo da tener que crear de la nada, ¿verdad? Así que *adolescentes, hagan todo por trabajar lo emocional y enfocarse en hacer un futuro mejor que el que hoy tienen*; no caigan en los distractores del éxito, no justifiquen ni culpen, tampoco se quejen, critiquen o se burlen, *busquen guía y ACTÚEN a favor de ser mejores*. **Y padres, asegúrense de sanar su pasado y apoyar mejor a sus hijos para que puedan disfrutar de ese futuro de disfrute que se llama** *"vejez sana y feliz"*. La manera de trabar tu historia familiar es con terapias efectivas, no solamente ir a contarle tu historia a alguien.

Una sugerencia puede ser que tomes el curso *Mentando madres con estrategia*, que está en mi página web chetta.tv y que te dará herramientas para manejar y comprender las emociones, pues se basa en mi libro *Cómo mentar madres con estrategia*, pero adicionalmente, tiene un anexo que es la *sanación de tus raíces*: un encuentro con tu pasado, no necesitas ni ir a terapia en esta primera etapa, trabaja y demuéstrate que tienes ganas de sanar, transformar de verdad y merecer; después de hacerlo, complementalo con dos sesiones con algún terapeuta, recomiendo incluir una CONSTELACIÓN FAMILIAR. Pero ojo, *no cualquier constelación*, sugiero aquellas donde tengas una explicación lógica de todo tu acomodo familiar, pues **hay muchas cosas que no se sanan con el corazón, sino con la mente y el entendimiento**. He aprendido con mi amiga Sandra Cahue (a quien considero una profesional y acertada "consteladora") que en este camino de apoyo terapéutico en el que hemos trabajado juntas, la verdadera traducción al español de las constelaciones familiares es la de "colocación de la familia". Que todos los seres humanos, para liberarnos de las limitaciones inconscientes y tener el éxito deseado, debemos acomodar primero lo que ya traemos, sin que haya excluidos en el sistema (pues hay que reconocer nuestro lugar en el mundo y honrar el lugar de nuestros padres y ancestros), soltando ataduras inconscientes que tenemos, ya que por amor, hacemos lealtades inconscientes que ni tenemos presentes, pero que afectan nuestro caminar.

Sanar nuestra infancia no es regresar a ser niños y cambiar la historia, curar a tu niño interior es reconciliarte mentalmente y, por ende, emocionalmente con tus padres (aunque no sepas ni siquiera quienes son, pues dije te dieron vida, eso es suficiente y se reconoce), si tu niño interior se sintió desprotegido, abandonado, solo, traicionado, rechazado, humillado, etc., hoy puedes empezar a ser el adulto responsable que no fueron contigo y empezar a dártelo, porque si no, te igualarás, eso *se aprende y se trabaja también* y es nuestra responsabilidad como seres humanos hacerlo. No existe la gente perfecta, pero podemos mejorarnos y recuperarnos, a eso se le llama resiliencia, eso es lo más importante. *"Somos perfectamente imperfectos, pero perfectibles".*

#3 Condiciones físicas de la salud.

Después de haber escrito y publicado este libro, más casos de adolescentes llegaron a mí, y descubrí que había otra AGRAVANTE importante que comunicar que no estaba incluida, y que médicos a los que considero verdaderos ángeles que Dios me sigue enviando (para tener conceptos fundamentados, una mejor comprensión y dirigirnos a las acciones que dan mejores resultados), tenían los conocimientos adecuados y yo los debía compartir. Comprendí que existen condiciones neurológicas y agravantes metabólicas y hormonales que pueden distorsionar las condiciones mentales y emocionales de una persona en cualquiera de sus etapas, y por ende influir en sus reacciones y comportamientos. Así que citaré aquí lo que aprendí de dos grandes amigos y profesionales que admiro enormemente: en el tema neurológico al Dr. Leonel Cantú, y en el tema metabólico, hormonal y alimenticio al Dr. Juan Manuel Ventura (a quien ya he mencionado con anterioridad), ambos con un don y una forma rápida de diagnosticar, y sencilla de explicar a sus pacientes; y además el complemento perfecto para la parte emocional que yo manejo.

Los seres humanos nos guste o no, somos mente, cuerpo y emociones, y debemos trabajar los tres aspectos ante cualquier situación, y no podemos pasar por alto que algunos problemas emocionales puedan ir acompañados de situaciones físicas (neurológicas y/o metabólicas). Éstas al no haber sido diagnosticadas con anterioridad, complican relaciones, e incluso complican el desarrollo armónico de una persona (jóvenes o adultos) en cualquier etapa que viva.

Las condiciones físicas (médicas) ocultas son una agravante más, y pueden existir razones neurológicas que expliquen muchos comportamientos inusuales, muchos de los cuáles pueden ser de nacimiento, o desarrolladas en algún momento de la vida por circunstancias diversas.

Los temas neurológicos pueden presentarse como actividades eléctricas cerebrales no normales (por ejemplo algún tipo de epilepsia focal, o la epilepsia mioclónica juvenil por mencionar algunas de entre muchas otras formas de epilepsia), o ciertos comportamientos continuos o esporádicos, pero repetitivos que no son los normales dentro de los parámetros funcionales del cuerpo. Los encefalogramas, las resonancias magnéticas, entre otros estudios médicos, pueden apoyar al descubrimiento de estas condiciones que normalmente confundimos con ansiedad, depresiones, mala conducta, desobediencia, retraso, autismo, y no lo son. Y que además se quieren resolver con ansiolíticos o antidepresivos (que son medicamentos psiquiátricos), cuando más bien se requieren medicamentos neurológicos, acompañados por una terapia y alimentación adecuada.

Sin embargo me han explicado ambos médicos que los exámenes solos, pueden reflejar algunas cosas, pero que las preguntas que ellos hacen en sus sesiones pueden revelar información importantísima para el diagnóstico y tratamiento, pues puede ocurrir que los exámenes marquen niveles normales, pero los comportamientos, síntomas y condiciones o alteraciones físicas indiquen focos importantes de atención (por ello la importancia de acudir ante profesionales).

Algunos ejemplos de preguntas importantes del Dr. Cantú podrían ser sobre la frecuencia de tener déjá vus ya vividos, (que son sensaciones de percibir que algo que se experimenta en el momento actual como si ya lo has vivido), sueños muy vívidos, movimientos corporales anormales , salivación continua, problemas en el desarrollo social, académico y fisiológico, pérdida del enfoque, quedarse ido en algunos momentos, mirada pérdida, no escuchar cuando te hablan, sensaciones de presión en el pecho, de no poder respirar, ganas de llorar sin sentido o sensación de miedo inexplicable, entre muchísimas cosas más.

Pero adicional a todo el tema neurológico que podríamos encontrar, las conductas y relaciones entre padres e hijos pueden verse agravadas también por un tema metabólico, hormonal y/o alimenticio, y puede afectar tanto a los chicos en su etapa de adolescencia, o a sus madres en su etapa de crisis de la mitad de la vida (con todos los temas hormonales que ello implica y que deben tomarse en cuenta).

Por ejemplo en el aspecto metabólico y hormonal, he visto al Dr. Ventura hacer preguntas que revelan información física que impacta incluso en la parte emocional, pues finalmente las hormonas (poderosos mensajeros bioquímicos) gobiernan nuestras conductas.

Algunas observaciones importantes en los jóvenes por ejemplo son: el aumento de las mamas en los jóvenes varones, (conocido como ginecomastia) y que produce problemas emocionales. Ésta condición puede confundirse como parte del sobrepeso y lo justifican con frases como "le crece porque está gordito", sin embargo esto está asociado realmente a un sobre estímulo de los estrógenos (que son las hormonas sexuales encargadas de la aparición de los caracteres sexuales secundarios en las mujeres); este incremento en los estrógenos se debe a una disminución de la testosterona (hormonas sexuales encargadas de la aparición de los caracteres sexuales secundarios en hombres), y dicha disminución es causada por una enzima que se encuentra en la grasa corporal (llamada aromatasa) encargada de la transformación de la testosterona en estrógenos. De manera que entre más grasa corporal tenga el adolescente, mayor cantidad de aromatasa, mayor disminución de su testosterona, aumentan los estrógenos y se desarrollan sus mamas, lo que produce en algunos jóvenes temas de burlas y por ende baja autoestima, y en algunos casos temas con su identidad y confusiones en sus atracciones y preferencias físicas.

Algunos chicos y chicas por otro lado, comen con mayor frecuencia por compulsión, y podrían mostrar una resistencia a la hormona encargada de la saciedad (leptina), y como este mensajero es producido en el tejido graso, al tener sobrepeso u obesidad, lógicamente hay un exceso de producción de la leptina que causa que los receptores en el cerebro para la saciedad sobre reaccionen y se bloqueen, y no haya saciedad; otro aspecto hormonal importante que indagar.

Otro ejemplo es si tienen axilas, cuello, codos o ingles con coloración muy obscura, o la percepción de un olor corporal fuerte, esto revela la posibilidad de una resistencia a la insulina, que les produce también sobrepeso, pues buscan calmar su ansiedad con los azúcares simples, y sí mamá y papá no están conscientes y no apoyan en moderar su alimentación, empiezan a engordar, lo que les desencadena discusiones con sus padres, problemas de fuerza de voluntad, y en algunos casos el tema emocional del bulling social que agrava su autoestima. Por eso es tan importante la alimentación adecuada del ser humano, creemos que es algo que hacemos porque produce placer, o que dejamos de hacer porque no nos provoca, pero no entendemos que buscamos o soltamos ese placer, porque algo no está funcionando bien dentro de nosotros física, mental o emocionalmente.

Es por eso que si detectamos conductas fuera de lo normal tanto en los chicos como en los padres, (entendiendo nuevamente que hoy día que sea común, no quiere decir que sea normal), hay que buscar ayuda. Para eso estamos los padres, para observar y pedir apoyo profesional ante cualquier agravante, (y si tus padres no lo hacen por ti y ya tienes edad suficiente para detectar que no te sientes bien, ni a gusto contigo, puedes pedir apoyo a algún otro familiar). Y también para eso somos adultos, para reconocer en nosotros mismos si hay conductas que no nos están permitiendo relacionarnos mejor y buscar profesionalmente cómo transformarlas.

Así que trabajar lo emocional (acudiendo con regularidad a las terapias), ir al médico y realizar los exámenes que te soliciten complementando lo neurológico y lo metabólico, tomar los medicamentos de acuerdo al plan indicado de forma responsable y disciplinada, apoyarnos con una buena dieta y ajuste metabólico hormonal, son la solución perfecta a esta agravante condicional de la salud.

4. LA COMPETENCIA ACADÉMICA, PROFESIONAL, ECONÓMICA Y SOCIAL:

Empecemos por definir lo que es competencia, en el capítulo anterior lo mencionaba, la palabra ***competencia*** no viene del verbo *competir*, sino de ***"ser competente", mostrando las habilidades que se han practicado y desarrollado.*** Cuando competimos, lo que hacemos es estar pendientes de si alguien me gana o no; esto nos genera muchísimo estrés alto e impide estar atentos a las áreas de oportunidad y mejora que tenemos (solo nos lleva a los cinco distractores del éxito que nos desenfocan del crecimiento); si fracasamos, nos genera muchísimo estrés bajo.

Lamentablemente, por varias circunstancias mencionadas de la cultura no se nos enseña adecuadamente. Si entendiéramos la ***competencia como la oportunidad de demostrarme lo que llevo aprendido y practicado en cualquier área de mi vida,*** podría sentir que ***"tal vez alguien me gane, pero definitivamente yo nunca voy a perder,* porque puedo ver siempre qué puedo hacer mejor para seguir practicando, mostrando (no demostrando) y creciendo".** La competencia es siempre contigo mismo, es trabajar en cómo puedo ser hoy mejor de lo que era ayer, así, tu atención está en ti y no en los demás.

Justo ese mal entendido "competir", lo vi en los adolescentes de Nuevo León y fue lo que me hizo venirme a vivir a Monterrey. Soy terapeuta de muchos estados de la República Mexicana, e incluso de latinos en otros países del mundo que se conectan conmigo por videollamada, pero nunca había visto tan agravado el tema de los adolescentes como lo había visto en Nuevo León, un estado de la República Mexicana, donde existen varios componentes:

El primero, la ***competencia académica,*** pues existen dos universidades muy famosas que tienen preparatoria (Tecnológico de Monterrey y UDEM), donde los estudiantes, en vez de tener que tomar una decisión de a qué universidad entrar cuando salgan de prepa, la tienen que tomar casi cuando entran a secundaria. Entonces, la pregunta en ellos era, ¿a qué prepa voy a ir que esté ligada a una universidad buena?; esa es una decisión que por el grado de madurez, no está tan fácil de tomar en ese momento y mucho menos, la carrera que quiero estudiar, aún peor si las condiciones para entrar en alguna de ellas se ve imposibilitada como lo expliqué en la etapa de la adolescencia.

Así que al llegar a Nuevo León, en el 2017, di un curso para chicas adolescentes en secundaria y encontré esa pequeña gran peculiaridad con ellas que no había visto en otros lugares; requería estudiarlo y entenderlo para poder explicarlo. Veámoslo más a fondo, en varios colegios, desde secundaria, las universidades van a promocionar sus preparatorias y carreras de universidad (pues no todos los colegios privados tienen preparatorias en sus instalaciones para continuar los estudios en el mismo plantel), así que se hacen ferias para los alumnos donde les proporcionan información.

La oferta más atractiva es aquella generada por la promoción para entrar a las preparatorias de las universidades más prestigiosas del país y seguir una posterior carrera en la institución elegida. Muchos en Nuevo León saben qué elegir, porque siguen las universidades donde estudiaron sus padres, donde sus papás quieren que estudien o las de sus amigos para mantener el círculo social (que repito, en esta región es muy cerrado), si ya perteneces y no quieres perderlo... estresa; si por otro lado, se te complica tenerlo... también estresa. Este es el caso de aquellos estudiantes que no pasan los exámenes y viven la frustración de no ser aceptados en la institución elegida y allí se repite el ciclo de todo lo emocional que expliqué anteriormente.

Mi hija Fernanda, al llegar a esta ciudad y entrar al último año de secundaria para pasar a preparatoria, inició un cuadro de ansiedad que no me había comentado en un principio. El círculo social que mencioné es cerrado, más para un foráneo; para sorpresa de mi hija, muchos de sus compañeros ya tenían decidido dónde iban a estudiar y hasta la carrera elegida. Ella estaba consternada pues en su generación anterior en Puebla (la ciudad de donde ella venía), eso no era algo para preocuparse hasta estar próximos a salir de prepa y entrar a la universidad, no en la secundaria.

Además, la tecnología y las redes sociales eran algo de común manejo en los adolescentes, muy distinto a lo que se vivía en Puebla; se le estaba complicando estar al nivel de ellos en las clases. Un día se acercó a mí y me pidió una cita *"no con su mamá, sino con Chetta, la terapeuta"*; literalmente *se me fue la sangre al piso*, como se dice coloquialmente, ja, ja, ja. Mi hija estaba en problemas y yo tenía que escucharla en primera instancia, antes de pedir apoyo a otro profesional para saber lo que estaba pasando.

En la cita, me comentó algo que escuchó y que ya había identificado cuando me acompañó a las clases que di en aquel primer grupo de niñas adolescentes que mencioné en la ciudad de Monterrey en el 2017. Ella estaba experimentando el fenómeno que le explicaba a las chicas que se vivía en la adolescencia, más lo de las universidades famosas de la región: ¿qué preparatoria elegir?, esto le estaba agravando su nivel de estrés, pues aún no tenía —repito— el grado de madurez para tomar decisiones tan trascendentales para su vida.

Entonces, reafirmé que los chicos empiezan a generar ansiedad extra, pues tienen que tomar una ***decisión que tiene una fecha de caducidad,*** la prepa se acaba y tienes que entrar a la universidad te guste o no; aquí se introducen incluso muchos mecanismos de evasión como "me voy a tomar un año sabático, sin hacer nada", "no necesito estudiar", "no pasa nada y me meto a lo más fácil", entre varios que manifiestan miedo e incertidumbre. *¿Te imaginas esa sensación de frustración interna?*

Pero esto no acaba aquí, la presión social se repite nuevamente cuando ya sales de la universidad y ahora tienes que buscar trabajo para poder ser independiente, la competencia académica se transforma ahora en una ***competencia laboral*** y empiezan otra vez las comparaciones. *Si todavía vives con tus papás y estás tomando ciertas decisiones, se agrava la parte de la ansiedad y se sufre en silencio.* Además, Monterrey y sobre todo San Pedro, otra ciudad de Nuevo León, me mostraron otro agravante, la **competencia social.**

Esto porque el círculo de amigos es tan cerrado, que hasta los papás de adolescentes como ya tienen su grupo desde chicos, no están dispuestos a socializar ni convivir con los padres de los amigos de sus hijos, no saben con quién se juntan sus hijos ni se dan cuenta si de verdad tienen amigos o no; les muestran un parámetro alto de competencia social de "pertenecer" y hacen lo imposible por pertenecer a una sociedad "sanpetrina", que tiene altísimos estándares económicos de comparación (se dice que San Pedro es una de las ciudades más ricas de México, así que te imaginarás el parámetro social y económico de grupo).

Como este ejemplo, seguramente conoces muchas ciudades y grupos a tu alrededor en los que si los chicos tienen algún tema de inseguridad, *bullying*, maltrato o codependencia con respecto al círculo de amigos, se agrava. Incluso, hay muchos que tienen que hacer muchas cosas para pertenecer al círculo social (drogas, alcohol, sexualidad, entre muchas cosas más), pues no todos pueden acceder a ese nivel, pero hacen lo que sea por pertenecer. Ese es el estrés que vive un adolescente ante estas tres competencias entendidas erróneamente, pero se pueden trabajar. La mejor manera que he encontrado es con una herramienta japonesa llamada *Ikigai*, que les brinda el poder detectar y entender su misión, visión, propósito y sentido de vida (conceptos que veremos en el último capítulo de este libro).

Así que todo lo descubierto, me llevó a platicar con ambas hijas para buscar estrategias. Con Fer, trabajé el *Ikigai*, para saber qué estudiar, sin embargo, encontré con Danna (mi hija menor, que justo entraba a primer año de secundaria), que ella vivía otra situación, no encajaba con el círculo de compañeros que tenía, habiendo sido una niña súper amiguera con un equipo de amigas muy consolidado en Puebla; en Monterrey se le estaba dificultando pues pensaba que no tenía muchas opciones para crear nuevas amistades por ser foránea; la estrategia con ella fue introducir clases extracurriculares para abrir nuevos grupos de amigos; a la par, descubrió una de sus pasiones más grandes: el baile.

Cuando Fer descubrió su talento y el amor por hacer negocios, empezó a investigar sobre las carreras existentes al respecto y eligió terminar prepa en el colegio que estaba, teniendo claro la universidad a la cual asistir posteriormente. Hoy día, esto la ha guiado a emprender su propio negocio y, al terminar su carrera, invitó a su hermana, con su talento artístico, como socia dentro de su empresa Punto Vekio, una escuela de psicología teatral, actuación y desarrollo de habilidades blandas —@puntovekio—. Trabajarlo así, mejoró notablemente la ansiedad en ambas; tener una estrategia y técnicas de manejo emocional sí funcionan en esta etapa y ellas fueron mi comprobación.

5. GLOBALIZACIÓN Y ERA TECNOLÓGICA:

Otro factor que agravó cada una de las etapas de identidad de los seres humanos (sobre todo la de los adolescentes), fue la globalización y la entrada de una era tecnológica que te acercaba a ***parámetros de comparación ahora a mayor escala.*** Si lo que te mencioné anteriormente ya impactaba y solo era con el círculo pequeño que te rodeaba, imagínate lo que ocasionó comunicarlo con las redes sociales y toda la tecnología avanzada.

El mejor ejemplo que tengo para describirlo es el siguiente: en generaciones anteriores, uno se comparaba con los primos, hermanos, vecinos o hijos de los amigos de tus padres, si el compadre tenía un hijo que se fue a estudiar a Europa, *te ponía la vara alta... y te preguntabas "¿ahora yo también me tengo que ir a estudiar algo a Europa?",* pero si nadie se iba a estudiar fuera de la ciudad, pues uno se quedaba tranquilo en su zona de confort conocida.

Hoy en día, las nuevas generaciones se comparan con TODO lo que ven en Internet, incluso con gente que está ante otras circunstancias que ni siquiera entrarían en su parámetro de comparación, con otras características físicas propias de un lugar o nación, con profesionales que brillan en otros lugares porque el medio que los rodea va adelantado al lugar en el que ellos viven, con otras condiciones políticas, económicas, sociales, educativas y culturales que se viven; los chicos se comparan con el MUNDO y eso les genera más y más y más ANSIEDAD. Mucha más de la que nos podía generar en generaciones anteriores.

Hoy los "likes" y el número de seguidores marcan una manera de medirse dentro de los estándares de belleza, moda e inteligencia (en su mayoría no son el mejor punto de referencia, pues se publican informaciones muchas veces ficticias, pero que los marca). ***Lamentablemente, la comparación no la hacen como un objetivo para trabajar o progresar, sino que se comparan para sufrirlo y quejarse.*** Si ese adolescente no tiene un *coach* que le ayude a ver eso, como un objetivo para ir marcando los pasos y obtener el resultado que quieren, les puede generar una ansiedad extrema, e incluso caer en depresión.

Ya mencioné que en mi primer libro, explicaba que la envidia no es mala, de hecho, la definí como *"alguien tiene algo que yo quiero y no tengo, pero puedo alcanzar"*. Así debo aprender a verla si me voy a comparar. ***Para percibirla como algo alcanzable y no como algo para sufrirlo o quejarme***, se trabaja con un plan de acción, si no, los chicos buscarán el camino más fácil para obtenerlo, que usualmente, no es el más legal.

Les doy un ejemplo: tu hijo de dieciocho años ve a un chico que es famoso en redes porque hizo algo productivo o exitoso, solamente tiene diecisiete años y ya tiene fama, fortuna y muchísimos seguidores, la primera pregunta detonante y ansiosa que se haría sería: *"¿y yo no estoy haciendo nada?, ni siquiera sé qué hacer para tener lo mismo"*. Un chico así —sin orientación—, <u>puede que haga lo que sea con tal de ganar seguidores.</u>

Si alguien no le hace ver su talento o su esencia y le ayuda a compartir contenido de valor en las redes y marcar una estrategia, es muy fácil que se pierdan. Hacerse famoso en redes sociales ya no es cuestión de suerte —como al principio—, sino que es un trabajo dedicado y organizado como cualquier otro, persistiendo el hecho de que **para tener éxito, primero se requiere hacer esfuerzos.** La <u>*disciplina es fundamental y las nuevas generaciones no lo traen de base,*</u> el no tenerla, genera ansiedad en algunas personalidades y depresión en otras, todo causado por la desesperación interna que sienten al compararse y querer objetivos rápidos fuera de sus posibilidades.

Mi sugerencia para trabajar la ansiedad que causa la comparación exponencial en redes, <u>*es trabajar la disciplina;*</u> la forma más fácil es empezar con un logro diario, como los soldados <u>*tendiendo su cama,*</u> hasta hay un libro que da toda una explicación sobre eso, ***tender***

la cama es trabajar el orden en tu cerebro, no es para hacer feliz a tu mamá —aunque si lo logra ja, ja, ja—, realmente el beneficio es para quien lo hace, así que empieza ya a hacerlo, te aseguro que <u>*cuando tu cerebro se acostumbre a una logro diario, va a querer ir por más*</u>, es cuestión de programación, ni siquiera de limpieza. Por otro lado, la globalización y las redes sociales afectaron también la comunicación y la convivencia familiar, siendo no solo un problema de los chavos, sino también de los padres, pues ***todo lo tecnológico está fabuloso para acercar a los que están lejos, pero es fatal al alejar a los que están cerca***.

Creo que no necesito profundizar en este tema que bastante se escucha y ha sido motivo de grandes preocupaciones, chicos detrás de unos audífonos, mamás metidas en sus redes sociales, papás que no pueden tener un tiempo de comida sin el celular en la mano, entre muchos más. La solución aquí <u>*no es quitar la tecnología, es enseñarles a usarla sabiamente*</u>, sin abusar de ella y, por supuesto, crear los espacios destinados a la comunicación entre padres e hijos bien estructurados, planeados una vez al mes mínimo, de forma exclusiva, sin distractores, mostrando interés por la escucha y usando las preguntas adecuadas.

6. LA PANDEMIA:

Si todo lo que era normal se agravó con la tecnología mencionada, súmale ahora la ansiedad que generó la pandemia; se intensificaron algunas cosas más y se agravaron otras. ¿Qué pasó? Para los adultos fue una pausa a las actividades cotidianas, de hecho, a pesar de que económicamente era frustrante y estábamos perdiendo seres queridos, fue —en el fondo— como un respiro para muchos adultos, un descanso donde los papás no tenían que correr, ya no teníamos que manejar ni llevar a los niños a las clases extras, no se tenía que quedar bien con los viernes sociales, se les libraba del tráfico, las horas laborales seguidas en una oficina... como un tiempo fuera.

Pero para los adolescentes fueron GRANDES PÉRDIDAS: se empezaron a enojar porque los adultos no entendían que ellos estaban perdiendo cosas que no regresaban, por ejemplo, no vuelves a cumplir quince o dieciséis años (dependiendo de lo que se celebre culturalmente), las fiestas se empezaron a parar; entonces, el círculo social, "mi pertenecer" y las fechas importantes, se estaban perdiendo (aunque les prometieran hacer una reunión hermosa después, el tiempo no lo podrían regresar); se omitieron esos momentos de tener contacto en los pasillos de las escuelas con el chavo o la chica que les gustaba, disminuyendo la práctica en el tema pareja; en el tema de saber qué carrera elegir, no podían ni enterarse de lo que otros estaban decidiendo estudiar; sus propias graduaciones; en el tema de elegir amistades, ¿cómo saber quiénes me convienen si no puedo ver su actuar con otros en los descansos? Los que ya estaban en la universidad —que también eran adolescentes—, se preguntaban *y ahora, ¿cómo voy a hacer relaciones?, para saber si en la carrera estoy haciendo vínculos para tener socios más adelante o para que me conecten con alguien más, si se perdió ese contacto físico.*

Empezaron a llamar a los adultos irresponsables e inconscientes ¿Cómo se les ocurría salir?, esto que estaban viviendo nunca iba a parar. Sí, es cierto que siempre hubo muchos "covidiotas" —como les llaman aquí en México—, que salieron, fueron a fiestas y a hacer cosas a la calle sin responsabilidad alguna, pero no me refiero a estos, sino a que la gran mayoría de los adolescentes estaban enojados con sus propios padres y los amigos de sus padres, por salir con algunos grupos sin cubrebocas, en las noches o fines de semana clandestinamente, por salir aunque sea con su gente más cercana, esa era la que a ellos los ponía en peligro, expandiendo más el periodo de sus pérdidas, sin poder ponerle fin a tan espantoso evento mundial que los aislaba.

En sus cabezas pensaban, *"cuídense porque queremos que esto se acabe y no haya más pérdidas"*, pero la manera de expresarlo era peleando o discutiendo (atacar), o retrayéndose (huir), cerebro primitivo en acción. No se veía para cuándo acabaría la situación, se peleaban cada vez más papás con hijos dentro de las casas, pues no había mucha práctica de comunicación en los hogares, tenían que estar dentro de sus casas con alguien con quien nunca habían platicado... ¡sus papás!, qué además también estaban desesperados por sus propias frustraciones, sumado a estar ahora sí presentes veinticuatro horas en casa, fiscalizando y viendo todo lo que estaban haciendo.

Entonces, se mezclaban situaciones emocionales, todas las naturales de la adolescencia que ya vimos, más otras situaciones frustrantes: la mala relación y comunicación interna en casa con padres y una pérdida de comunicación y relación externa con los amigos (pues la pandemia aisló más y más a las personas, perdiéndose la práctica para relacionarse no solo con la familia, sino también socialmente).

El círculo de amigos se complicaba cada vez más, no te podías reunir con más de una persona y sentado en la cochera de tu casa (tú de un lado y yo del otro), con el cubrebocas puesto; si tu grupito era de seis y solo podían reunirse dos, se preguntaban: ¿por qué invitaron a esas dos personas y a nosotros cuatro no?, ¿qué hice para que me sacaran o no me incluyeran?, y ¿por qué esta persona del grupo ahora está hablando con otra que nunca hablaba y yo no? (porque en pandemia fue muy fácil hablar a escondidas y abrir el círculo social, pues nadie se daba cuenta, simplemente te invitaban a un grupo de WhatsApp y empezaban a platicar con alguien más; así los nuevos grupitos generaron una cantidad de estrés impresionante).

Por otro lado, como estudiantes, pasaban horas frente a un computador y no aprendieron muchas cosas (porque realmente no aprendieron), podías copiar con facilidad, que de momento les generaba un sentir gracioso, pero en el fondo sabían que no estaban aprendiendo y también eran pérdidas que al regresar a clases tendrían que afrontar; además, cuando te daban permiso de apagar tu cámara, dejaron de tener contacto visual y se generó en los chavos el sentir de *"no sé hablar de frente o lo estoy olvidando"*, la práctica era hablar por un chat, entonces era más fácil escribir, lo cual te hacía dudar de *si aún sabías socializar*.

Los que eran introvertidos se convirtieron en extrovertidos detrás de un chat, mientras que los que eran extrovertidos se deprimieron, porque no podían tener ese contacto físico; pero **al regresar a clases, los introvertidos** *volvieron a ser introvertidos, es más,* **se dieron cuenta de que "nunca fueron extrovertidos" y regresaron a la** *realidad de su personalidad que no sabían manejar; los extrovertidos notaron que perdieron práctica y que había que volver a empezar (**fue un retroceso para ellos).*** Nadie les había enseñado a reconocer su temperamento y las áreas de oportunidad que cada uno trae para poder moldearlo; *no se conocían a sí mismos y la variación les confundía más para trabajar su identidad* —por eso, más adelante estaré mostrándoles las características de los temperamentos para que vayan conociéndose y moldeándose—.

No se veía el final y las olas de recaídas aparecían, con todo, se iniciaba un nuevo regreso a clases "normales" y a otras extracurriculares (deporte o academias de baile, etc.), donde aparecieron otros fenómenos agravantes. Los estudiantes *al no salir de casa, estuvieron sin cubrebocas detrás de una pantalla* (los adultos tenían práctica en usar y quitar el cubrebocas, los chavos no), por lo que muchos de ellos, *cuando regresaron a clases con cubrebocas* vivieron situaciones nuevas y estresantes como *"no puedo respirar, siento más ansiedad, me desespero o me desmayo, además, ¿por qué me tengo que poner el cubrebocas aquí si estos son los amigos con los que ya me reúno en las tardes en mi casa?"* ***Su descontrol emocional seguía agravándose, algunos por tener que usar el cubrebocas y otros por no querer quitárselo***.

Para algunos, tenerlo puesto era en verdad un <u>escudo protector</u>, pues por su tipo de temperamento, su alivio fue que no debía tener contacto con la gente, pero al tener que volver a hacerlo, repelían a las personas (igual que lo que pasó con los famosos "niños pandemia": pequeños que crecieron en una época donde no se podía tocar a las personas y hoy, las secuelas son que repelen el contacto humano como una característica aprendida). Tanto en ***los introvertidos y en los extrovertidos con pérdida de práctica,*** comprobaron que *ya no sabían hablar con la gente en general*. *El cubrebocas* <u>***era una manera de protegerse y no mostrar el rostro que revelaba su "inseguridad",***</u> entonces, había que hacer un trabajo de autoestima, **los casos de adolescentes que más trabajé en ese tiempo, fueron de autoestima y manejo emocional de la ansiedad,** *esto siempre ha existido, existe y existirá,* solo *que en la pandemia empeoró.*

De hecho, la inseguridad en los adolescentes siempre ha estado presente con las comparaciones —ya lo comentamos antes—, que *regresaron al volver a clases,* muchos empezaban a compararse y ver si alguno de sus compañeros estaba más flaco, más guapo, si engordé o empeoré otras cosas, mostrando una autovaloración baja. Pero además de eso, existía otro pequeño problema: había mucha *incertidumbre sobre el regreso permanente a clases,* vivían con la incesante angustia de si volverían o no a sus casas por los casos reincidentes; aquí en México, un día se decía que sí y de repente que no, en consecuencia, los chavos vivían con inseguridad por pensar que otra vez estarían encerrados en casa detrás de un computador generando pérdidas.

Esa incertidumbre generó tal ansiedad que, por primera vez —yo, Chetta, en mi experiencia personal como terapeuta—, en el 2021, "mientras se <u>normalizaban</u> las cosas" tuve casos que nunca había presenciado: hombres jóvenes vomitando, (que por lo general lo veía más en las niñas que en los niños, por temas de apariencia); gente arrancándose el cabello, lo jalaban sin darse cuenta o se les caía solo; pacientes que las uñas les llegaban hasta la carne de tanto comérselas; se jalaban las pestañas; empezaban a morder la pluma y se picaban las encías y les sangraban (esto es un síntoma de ansiedad: *"necesito morder algo para sentir que me estoy concentrando en algo",* por eso me puedo morder las uñas, o reventar las encías; es una necesidad por hacer algo, pero no está bien enfocado).

¿Por qué hacemos esto? Porque **<u>el cerebro necesita mantenerse en movimiento</u>**, por eso la necesidad de un plan de acción efectivo, organizado y estructurado, a eso se le llama "terapia ocupacional". Hay un descubrimiento que me reveló ***que el cerebro no puede sufrir y crear a la vez.***

Lo comprobé con una niña hace mucho tiempo: tenía una paciente con su hija en mi oficina, la pequeña estaba llore y llore, por lo que le di un rompecabezas chico que tenía; mientras estaba haciendo el rompecabezas, dejó de llorar, pero apenas puso la última pieza, empezó a sollozar otra vez; allí me di cuenta de que *si el cerebro está concentrado haciendo algo, no puede sufrir y crear a la vez,* pero si tú no estás haciendo nada, se generan pensamientos negativos (dicen por ahí que el ocio es la madre de todos los vicios y en la pandemia se estuvo sin hacer mucho una larga temporada). Es decir, nos conectamos mucho en lo que va a pasar y suceden dos cosas: *nos vamos al futuro para angustiarnos* o *nos vamos al pasado para sufrir*, de ese modo, es fácil caer en juicios, críticas, quejas, justificaciones, burlas y buscar culpables.

Otros casos de situaciones extremas fueron aquellos donde los chicos *se cortaban* (hacían *cutting),* de hecho, el video de TikTok que mencioné en la introducción fue por esta razón, porque atendí a una chica que me contaba que estuvo muy de moda aquí en México debido a una serie que veían los chicos en casa, algo que se llamaba "matar mariposas", donde se dibujaban una mariposa y se cortaban.

Ya era tanta su desesperación, que entonces me puse a investigar qué era lo que sentían ellos internamente para hacerlo, descubriendo que tenía mucho que ver con *intentar darle sentido a lo que no entienden pero sienten.*

Así, ***"si tengo un dolor interno que no comprendo; además, tengo cosas que decidir; además con un papá y una mamá que me dicen que mis problemas no son tan grandes como los económicos que ellos tienen; que ir al psicólogo es de locos, porque a nosotros no nos enseñaron a resolverlo así; todos ustedes traen la costumbre de buscar ayuda porque lo dice Internet; entonces, mejor le doy forma a lo que siento y que nadie entiende, convirtiéndolo en un dolor físico que, por lo menos, sí entiendo"***.

Con ese video, donde explicaba que había mejores formas de darle sentido a lo que sientes sin dañarte o dañar a otras personas, tuve muchas reacciones de chavos pidiéndome ayuda, que por favor hiciera un video para sus papás, porque ellos les decían que eso no importaba, que ir al psicólogo era de locos, que no iban a invertir su dinero en eso, que si ni había dinero... ¿para qué gastarlo con un loquero?, que en sus tiempos sus padres les decían ponte a jalar, a hacer lo que te toca y no se daban cuenta de todo lo que se agravaba.

Durante la pandemia y postpandemia hubo un cambio, todo se movió; regresar a clases fue peor, esa parte es la que naturalmente nosotros deberíamos tener bien clara, porque se transformaron muchas cosas; dependiendo de la cultura y del país, se sacudieron otras más que hay que investigar. Pero esto es lo general, lo básico que iba ocurriendo.

Así, 2020 y 2021 intensificaron este tema emocional que ya venía trabajando en la búsqueda de identidad de los adolescentes, *<u>influyendo de manera negativa en la seguridad para elegir pareja, estudios, autoestima, círculo de amigos y el tiempo en sí.</u>* La pandemia no solo afectó a los adolescentes, estoy consciente que colapsó otras etapas y en otras medidas como los adultos mayores, las parejas, lo profesional, lo económico, la salud y muchas áreas más que también se mezclaron. Pues si la gente no tenía previsto lo que ya traía en su dinámica de vida, una situación como la pandemia acarrearía otras situaciones extras que agravarían lo emocional: un divorcio, la muerte de alguien, un cambio de ciudad, una pérdida económica o una crisis de enfermedad intensificaron lo que ya se traía. *La pandemia empeoró una situación que ya traías y causó varias cosas más.*

Ya no solo era el tema del COVID, había también una mezcla de emociones: enojo, frustración, impotencia, miedo, etc., y en todas había pérdidas, que a la vez, incluyen un proceso de duelo que no todos conocían (si no lo conoces aún, nuevamente te invito a leer mi primer libro para complementar este).

Pero no solo se requería entender la emoción, también era necesario trabajar un plan de acción. Este plan te ayuda como a los soldados en el ejército (siempre dije que lo que se vivía emocionalmente en pandemia ya existía, porque ya existían situaciones similares de encierro, por ejemplo: los adultos mayores que están en un asilo o encerrados en su casa, los del ejército que están en un submarino o encerrados en combate, los presos, las personas que están en un hospital, y la forma de sobrellevarlo, era la misma que teníamos que aprender a poner en práctica y hacer un plan de acción). *Pero, ¿cuál es la psicología que se usa para que una persona domine su mente y logre estar en el momento presente?* <u>*Los soldados lo lograban muy bien, ellos trabajaban la disciplina con ciertas acciones para dominar su mente y su estado anímico*</u>: todos los días, **constancia**; a las cinco de la mañana, **puntualidad**; tienden su cama, **orden**; bolean sus zapatos, **pulcritud**; cantan, que es una manera de **decretar**; ***es empezar el día con un logro para que tu mente se concentre en crear cosas, no en sufrirlas***.

Esa fue la metodología que utilicé con los adolescentes para subirles el ánimo, buscando que ellos pudieran saber cómo actuar y aprovechar lo que hay, eso no solamente es una experiencia de la pandemia, sino que se vive con cualquier tipo de pérdida ante la cual se requieren acciones para pasar el proceso de duelo (si se mueren los padres, los que se quedan sin dinero, los que tienen enfermedades muy graves, de repente ya no pueden caminar, etc.). ***Las crisis como dije... si las sabes manejar, son épocas de creatividad.***

Recapitulemos: si ya normalmente se generaba una ansiedad por las decisiones antes mencionadas que deben tomar los adolescentes, más lo que arrastraban sus familias, las comparaciones, lo que estaban viviendo sus papás y todo lo que trajo la pandemia de manera exponencial, se revolvía todo y era una **verdadera bomba atómica interna;** si bien la pandemia ya pasó, dejó secuelas emocionales, igual que en la parte física.

Sí, hay situaciones que se agravaron, pero existen formas de equilibrarlas y de poder practicar, no obstante, no todos tuvieron esa oportunidad. Qué bueno que tú sí tienes esta posibilidad de conocer más en este libro, nunca es tarde, siempre puedes aprender o empezar; a veces, uno cree que puede solo y —lo diré las veces que sean necesarias—, no, **no se puede solo**, si lo haces será muy tardado y agotador, aparte de una gran posibilidad de que las cosas no salgan tan acertadas.

El aislamiento en pandemia, fue un hermoso regalo familiar que había que aprovechar, pero no entendimos para qué servía.

Se te puede aislar porque te castigué, porque te metí preso, porque tienes una enfermedad o porque tienes un problema de adicción (todos los centros de rehabilitación son centros de aislamiento); realmente el aislamiento es: ***te quito libertad para darte mejores herramientas y devolverte mejor.*** ¿Estás de acuerdo?

Eso hago con mis terapias e incluso con este libro, te tengo privado aquí leyendo estas líneas para darte mejores herramientas y regresarte mejor a tu vida cotidiana.

La pandemia fue una circunstancia aleccionadora que nos obligó a un aislamiento a nivel mundial, pero podemos aprender lo bueno de ella a voluntad, ***nos obligó a ir dentro de nuestros hogares y de nosotros mismos para ver lo que realmente había,*** porque no podías salir al mundo. Hoy no necesitas del COVID, puedes repetir intencional y organizadamente en casa todo lo que nos dejó de aprendizaje.

En generaciones anteriores, los papás estaban presentes en todo momento, de hecho, hasta cuando uno quería hacer una travesura, teníamos que estar alerta (si por ejemplo éramos un grupo de cuatro, tres estaban haciendo la travesura y uno estaba vigilando por si venía alguien), lamentablemente, las cosas cambiaron y hoy ya no se preocupan porque ***los padres simplemente no están; la pandemia les regresó esa presencia en casa*** que **debimos aprovechar.** *Todavía puedes aplicar el cambio a voluntad, no necesitas estar las veinticuatro horas, pero si puedes tener más presencia de calidad.* Los papás están trabajando casi todo el día y, al no estar presentes, los chicos se han sentido abandonados y caen en acciones poco benéficas; ojo con esto, es muy importante porque se arregla hablando, pero conversando asertivamente y hay técnicas para ello.

La buena noticia es que con la tecnología existente, muchos chavos empezaron a seguir a terapeutas en redes y tenían mejor acceso a la información emocional, empezaron a aprender ejercicios de cómo manejar su parte de la ansiedad, pero lo más importante de esto, fue que lo complementaron con un plan de acción. Muchos comenzaron a ver los logros de sus planes, aprendieron a ayudar a sus papás en casa, a valorar el trabajo de sus padres y el ser productivos, empezaron a leer libros, a tender sus camas, a crear contenido de valor en redes sociales (cosa que hoy en día es muy importante para la identidad digital, pues para muchos puestos de trabajo, reviso las redes sociales de los candidatos y ahí en sus perfiles me doy cuenta de cómo piensa, cuáles son sus preferencias, si verdaderamente tiene valores o si es una persona que todo el tiempo está deprimido, criticando y burlándose de otros, eso es un parámetro para su contratación), otros hicieron negocios en redes sociales y <u>aprovecharon el tiempo para bien.</u>

Aún estás a tiempo, en la vida todo lo puedes ver desde dos polos, positivo o negativo, siempre habrá personas que se tiren al piso y otras que aprovechen la oportunidad y le den la vuelta a lo que se vive para crecer.

Lo *que no puedes hacer es paralizarte, no puedes dejar de moverte, empieza la acción bien intencionada.*

Mientras te mantengas en movimiento, vas a ganar experiencias y a hacer cambios o reafirmar proyectos; entra a trabajar en algo porque necesitas la experiencia de lo que es la responsabilidad, la puntualidad, el horario, tener un jefe, saber comunicarte, relacionarte, tener empatía, contacto con el público, más que un salario, todo eso es necesario para la negociación y en cualquier carrera lo necesitas.

No te sientas mal si aún no hay cambios, algunos llegarán más tarde, otros más temprano, el problema es que como nos comparamos con los que están a nuestro alrededor y la sociedad te va empujando, ***generas más ansiedad porque sientes que vas retrasado,*** sin embargo, nunca es tarde, siempre puedes empezar.

¡Tú aún lo puedes lograr!

Actualmente, los profesionales que nos dedicamos a estos temas tenemos un gran reto: la responsabilidad de estar a la vanguardia y proporcionar estrategias nuevas y adecuadas. No se les tienen que ocurrir a ellos como adolescentes ni tampoco a ti como papá, **es algo en lo que deben profundizar y prepararse todos los involucrados en la educación mental, emocional y profesional, como psicólogos, terapeutas, psiquiatras, orientadores, maestros, profesores, catedráticos, etc.** *Pero lo que sí es tu responsabilidad como padre de adolescentes, es <u>acercarte tú primero</u> y <u>a luego a tu hijo con alguien capacitado</u>; como dije, buscar y seguir buscando hasta que encuentres lo adecuado, que definitivamente será un plan de acción estructurado, eficaz y ordenado.*

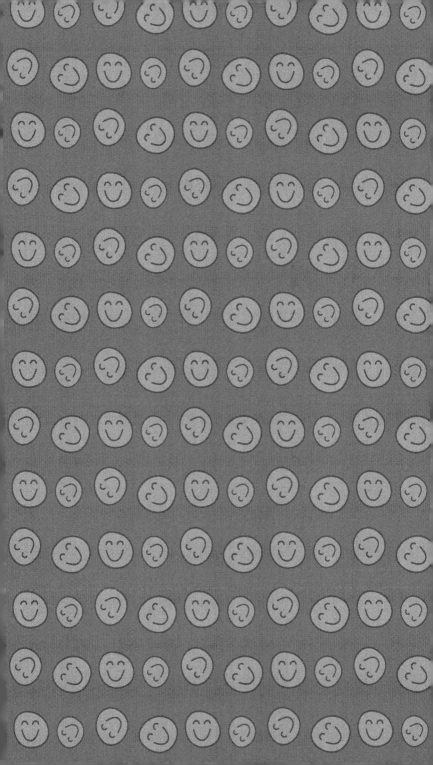

Capítulo 4
EL PLAN DE ACCIÓN

UNA VEZ QUE HEMOS RECONOCIDO TODOS LOS CONCEPTOS QUE ACLAREN NUESTRA MENTE en cuanto a poder entendernos a nosotros mismos y a los que nos rodean, según las etapas y épocas que estén viviendo, es momento de actuar asertivamente en encontrar esa IDENTIDAD de la que tanto hablamos con el significado de la palabra consciencia con "s", pues debemos entender que hay estrategias para RECONOCER sin juicios QUIÉNES SOMOS EN REALIDAD, CUÁL ES NUESTRO AUTOCONCEPTO, NUESTRA AUTOVALORACIÓN y NUESTRA AUTOIMAGEN, para llegar a nuestra MISIÓN, VISIÓN, AUTORRECONOCIMIENTO y AUTOEFICACIA, mejorando nuestra PERSONALIDAD sin menospreciar nuestro TEMPERAMENTO y saber que cada día podemos progresar moldeando nuestro CARÁCTER.

Todos estos conceptos que iremos aclarando en este capítulo, nos ayudarán a entender nuestro SER, darle el verdadero SENTIDO DE VIDA, y marcar nuestro PROPÓSITO diario con acciones congruentes.

Y para eso está el PLAN DE ACCIÓN.

En mi experiencia, los pasos exactos para trabajar con los seres humanos un eficiente plan de acción para encontrar la identidad, se dividen de la siguiente manera:

1. Vaciar emociones.

2. Reconocer temperamento.

3. Conocer tu *Ikigai*.

4. Ubicarte y conocer las diferencias generacionales.

5. Trabajar autovaloración y disciplina.

6. Implementar técnicas de comunicación familiar efectiva y determinar actividades específicas para practicar.

7. Práctica del plan de acción semanal.

Veamos cada una.

EL PLAN DE ACCIÓN

1. VACIAR EMOCIONES

Todos traemos una historia, así que este es un trabajo que deben realizar tanto los adolescentes como los padres.

Si tenemos la oportunidad, todos merecemos ir a terapia. Y mira que dije *"merecemos, no tenemos"*.

Pero si aún no estás listo, es momento de buscar herramientas para manejar y vaciar tus emociones.

Lo primero y más importante, es RECONOCER que "somos seres humanos comunes y corrientes, que sentimos y razonamos", así que podemos usar las dos cosas en perfecto equilibrio.

Antes de implementar cualquier plan de acción, hay que trabajar asertivamente las emociones, pues no podemos pretender enfocarnos en cosas nuevas si aún estamos revueltos emocionalmente.

Y vaya que todos traemos una historia que nos estremece, padres que no nos reconocieron, no valoraron, te abandonaron, estuvieron ausentes, te ignoraban, tenían que trabajar mucho, se desesperaban, gritaban, te pegaban, te humillaban, eran injustos, había muchos hermanos y no te ponían atención, eran muy sobreprotectores o vivían peleándose entre ellos, en fin, TODOS TENEMOS ALGO QUE TRABAJAR, dado que NO HAY PADRES

PERFECTOS; vinimos a esta vida a superar y mejorar la historia de nuestros papás, eso es evolucionar.

Quienes han tomado una sesión individual conmigo entenderán esta frase: ***"no podemos meter fresas con crema en un vaso que aún tiene lodo y veneno, porque se nos contaminan"***. Por ello, tanto los padres que quieren apoyar bien a sus hijos, como los adolescentes que están en búsqueda de su identidad, primero deben vaciar lo que traen y distrae de lograr su objetivo, antes de pretender trabajarlos.

Para ello, siempre recomiendo leer mi libro *Cómo mentar madres con estrategia,* o tomar el curso en línea *Mentando madres con estrategia,* aplicando cada una de las técnicas sugeridas para vaciar emocionalmente lo que venimos cargando.

Los más recomendados por mí son la técnica de la **carta y quemarla** (que se explica perfectamente en mi libro y curso) y **el ejercicio de la pasta de dientes**, que lo encuentras en cada una de mis redes sociales; de hecho, está como uno de los videos anclados en TikTok y Facebook, en los *highlights* de Instagram y, por supuesto, en mi canal de YouTube, no hay excusa para no encontrarlo y practicarlo las veces que sean necesarias, ese es el *ejercicio rápido de prudencia emocional.*

Estas dos técnicas las compartí porque en el tema físico, a los seres humanos sí se nos ha enseñado qué hacer para vaciar y limpiar, pero en lo emocional y mental no.

Te lo explico con el siguiente ejemplo: cuando estamos mal de la panza y nos dan ganas de ir al baño, no cuestionamos, ni permiso pedimos, corremos al lugar que nuestro cerebro entiende es prudente ir para sacar aquello que al organismo físicamente no le está funcionando: "un baño". Ni de chiste nos gusta hacerlo en otro sitio ni ver a la gente haciéndolo en un lugar que no sea privado, vamos donde nadie nos vea para sacar prudente y decentemente los desechos del organismo.

Pero, ¿qué ocurre con lo mental y emocional que no le funciona a nuestro cuerpo?, aunque nadie nos acostumbró a utilizar alguna técnica que nos permita sacar esa basura, hay que ser prudentes con la "diarrea emocional", que es tan delicada, molesta y perjudicial como la física, si no se sabe manejar adecuadamente.

Por eso, siempre para la técnica de la pasta de dientes, pido que se realice en un baño —en cualquier lugar siempre hay uno al que podamos ir—, allí, nuestro cerebro entiende que va a sacar "prudentemente" lo que no nos sirve.

Hay otras técnicas que no están en el primer libro y que te voy a compartir en este, serán de gran utilidad para los adolescentes que aún no tienen la madurez de utilizar el fuego para quemar la carta o no tienen la paciencia para escribir, pero necesitan vaciar.

Respiraciones para equilibrarte: ya mencionamos anteriormente que existe el estrés alto y el bajo, que son con los que hay que tener cuidado.

Después de identificarlos, hay que saber que para cada uno de ellos se utilizan respiraciones que neutralizan lo que el cuerpo está sintiendo.

Si tienes **estrés alto**, ansiedad, palpitaciones fuertes y rápidas del corazón, presión alta, insomnio, enojos, gran apetito, exceso de movimiento e inquietud, lo que se requiere utilizar son las **respiraciones de relajación** que te apoyen a bajar tus revoluciones y equilibrarte emocionalmente. Para ello podemos implementar por ejemplo, la respiración en tres tiempos de cuatro:

- Inhalo en 1, 2, 3, 4.
- Sostengo en 1, 2, 3, 4.
- Y exhalo en 1, 2, 3, 4.

Esto lo hacemos varias veces como nos sea posible dentro del conteo de cinco minutos. Puedes apoyarte utilizando el cronómetro de tu celular, para que no tengas que estar pendiente del tiempo, sino de tu respiración.

Existen muchísimas otras técnicas de respiración de relajación que puedes probar, pero asegúrate de que indiquen *respiración lenta*, para poder contrarrestar.

Por otro lado, si lo que tienes es **estrés bajo,** apatía o depresión, la respiración es contraria a la anterior, se deben aplicar **respiraciones de reactivación** que suban tus revoluciones. Por ejemplo: respiraciones de fuego o la famosa respiración de conejito, que se utilizan como técnicas de calentamiento en deportes de frío, para mantener la temperatura del cuerpo caliente y reforzar el ánimo y la concentración mental. Estas son respiraciones rápidas que te ayudan a bombear tu sangre y subir tu nivel de energía en todos los sentidos.

Pero si las respiraciones no te funcionan, porque la rabia, cólera, frustración o coraje ya se apoderó de ti, entonces me encanta recomendar —sobre todo a los jóvenes, aunque a los adultos les funciona igual de bien—, ***la técnica de vacío limpio,*** *que consiste en aventar bolitas de calcetines a la pared.*

Esta técnica es súper sencilla, la puedes aplicar en casa sin que nadie lo sepa y ser prudente con el manejo de tus emociones. Los terapeutas en nuestros consultorios usamos la técnica con peluches que no tengan nariz, ojos ni nada de plástico o metal, las muñecas o felpas hechos absolutamente de tela funcionan de manera espectacular.

¿Cuál es el sentido de esta técnica?

NO DAÑAR NADA.

Normalmente, cuando alguien siente odio, rabia o rencor se frustra y lo que quiere es que ***en vez de que le duela a él, le duela a alguien más***.

Este es el principio del *bullying*, que busca manifestar el dolor que se siente dentro y externarlo en alguien más para verlo fuera de sí. *"Si te hago sufrir, es porque mi sufrimiento, al yo provocártelo, ya salió de mi"*.

El problema es que nadie les explica las consecuencias internas de hacerlo y no saben que hay mejores mecanismos de sacar lo que uno siente, sin lastimar a alguien más.

Nadie nos enseña a vaciar limpio, sin dañar, todos nos enseñan a regresarla, hasta los padres se los dicen a los chicos, *"no te dejes, si alguien te la hace algo, regrésaselo para que te respeten"*, no obstante, lo único que logran con eso, es meter a sus chicos en mayores problemas.

Hay pasos para manejar el *bullying* y son muy claros:

1. Observas e identificas la frecuencia y momentos donde se agrede y comentas con papás para llevar registro.
2. Se prepara al acosado usando técnicas estratégicas, para hablar directo con el agresor.

3. Si el abusador no entiende y continúa, entonces se habla con un superior o autoridad.
4. Si nadie hace nada, intervienen papás.
5. Si mostraste todos tus pasos realizados y, a pesar de todo, no entiende el ofensor ni hacen nada las autoridades, entonces puedes usar técnicas de disciplinas específicas de defensa personal, <u>*pero no son la primera opción.*</u>

Muchas veces, se manda a nuestros hijos a enfrentarse sin herramientas y salen peor de afectados o lastiman de más, lo cual les acarrea consecuencias mayores a ellos.

Cuando las personas se lastiman a sí mismos, usan una analogía similar, mencioné que las personas *para darle forma a su dolor interno que no entienden, se provocan un dolor físico que sí entienden,* sin saber que las técnicas para vaciar son muchas y podrías evitar el lastimar tu propio cuerpo.

La venganza es otra idea y herramienta emocional errónea que se utiliza malamente para vaciar, porque quieres devolver lo que te hicieron *(y si es más agravado, mejor; para que sienta lo que ellos sintieron),* pero nadie les explica que al hacerlo, <u>la satisfacción es temporal, mientras que la carga posterior es permanente,</u> porque lo que alguien te hizo a ti, no lo pediste, pero lo que regresas, tú lo elegiste, por lo que el sentimiento de culpa y las consecuencias emocionales para ti, serán mayores y debes asumirlas, eliminando aquel sentido de placer que había provocado tu responder en un principio.

Así que lo ideal es aplicar las técnicas de *vacío limpio.*

Volvamos a la explicación de la técnica **"aventar bolas de calcetines":** toma pares de calcetines de tu propia casa, los haces bolita al doblarlos y los pones en un canasto, vasija plástica o algo similar, luego, te paras frente a una pared lisa, sin adornos, ni cuadros y CON TODAS TUS FUERZAS, las avientas... tu cuerpo se quedará con la sensación de LIBERACIÓN SIN DAÑAR NADA, NI A NADIE; esto es una técnica de "vacío limpio".

¿Por qué digo que es vaciar limpio?

Porque no mancha la pared ni daña nada. Los calcetines solo te ayudan a tener el movimiento en tus brazos de lanzar y liberar, cosa que es un perfecto anclaje mental en tu cerebro.

No me gustan a mí las técnicas de boxeo, porque hay personas que hasta le ponen la cara de una persona al costal, alimentando más su furia mental interna, aun cuando sientan alivio momentáneo.

Tampoco promuevo la del bate, porque genera un impacto de rebote físico que se siente y vibra en el cuerpo, quedando el anclaje mental.

Aventar platos o romper cosas tampoco me funciona, porque al final, tienes un doble trabajo, pues hay que limpiar el mugrero que hiciste.

Lanzar piedras al vacío —que fue la primera técnica que aprendí y aplicaba en cursos de mujeres—, es buena, pero requieres de un lugar amplio para poder hacerlo sin consecuencias de daño o golpes, no todo el tiempo lo tienes o te dan permiso tus padres de ir.

Por eso, **_amo la de los calcetines o peluches aventados a la pared,_** pues *te deja la sensación de soltar y la satisfacción de no tener que limpiar, porque no ensucias ni dañas nada a tu alrededor.* Es una técnica de vacío limpio y créeme que funciona.

La diferencia entre una persona normal y una no normal emocionalmente hablando, no es no sentir furia, enojos o frustración, sino "cómo maneja lo que está sintiendo con sabiduría y prudencia". Y lograr aceptar lo que sientes y manejarlo bien te hace grande.

No existen personas que no sientan, pero la diferencia la hacemos los que aprendemos a manejarlo sin explotar o implosionar.

2. RECONOCER TEMPERAMENTO

Los padres deben aprender cómo identificar y trabajar la personalidad propia y la de sus hijos, entendiendo el temperamento que traen de nacimiento para trabajar y moldear el carácter, *"explicándoles, no juzgándolos"*.

Vamos a entender uno de los conceptos importantes en este libro, y lo haré con la siguiente fórmula:

$$P = T + C$$

P es personalidad;

T es temperamento;

C es carácter.

"La personalidad de un ser humano está formada por temperamento y carácter".

El temperamento es con el que se nace y el carácter es el que vas moldeando en el camino; por eso, cuando alguien dice que tiene mal carácter, es porque no está evolucionando ni ajustando su forma de ser, dado que siempre se puede aprender.

Esto lo explico con un marcador: está formado por la tinta con la que fue hecho hasta que se acabe, junto con la tapa que se usa para no manchar cuando no se requiere su uso y abrirla cuando se necesita.

Ningún temperamento es malo, es la tinta con la que naciste; no somos perfectos, todos tenemos virtudes que sostener y áreas de oportunidad para mejorar.

Lo que hay que hacer, es identificar con qué temperamento o tinta naciste, sin juzgarla, aprendiendo a moldear con estrategias (la tapa), para saber cuándo moderarnos y distinguir el momento en que el talento se ponga en práctica.

Solo hay cuatro temperamentos, cada uno tiene características positivas y negativas que moldear. NINGUNO ESTÁ MAL, todos son buenos, *solo hay que conocernos para sacar el talento a flote, hacer buenos equipos de vida* (pareja, amigos, sociedad, trabajo) *y saber en qué momento mejorarnos.* **ESO ES RECONOCER TU IDENTIDAD Y ESTE ES UN MUY BUEN COMIENZO.**

Veamos tanto las fortalezas o características positivas que sostener, como las debilidades o características negativas de oportunidad de mejora, que cada uno debe trabajar.

EL COLÉRICO: es extrovertido y de pensar.

Fortalezas: enérgico, resolutivo, optimista, independiente, práctico, líder, audaz, productivo, voluntarioso, defensor de la injusticia, solucionador.

Debilidades: dominante, mandón, impaciente, prepotente, intolerante, vanidoso, insensible, rencoroso, sarcástico, astuto, llorón.

EL SANGUÍNEO: es extrovertido y de sentir.

Fortalezas: alegre, sonriente, energético, rápido, atento, cálido, amistoso, entusiasta, compasivo, confiado, compañero, simpático, comprensivo.

Debilidades: voluble, impulsivo, egocéntrico, violento, indisciplinado, exagerado, improductivo, inestable, inconstante.

EL FLEMÁTICO: es introvertido y de sentir.

Fortalezas: adaptable, tranquilo, cumplidor, eficiente, diplomático, objetivo, confiable, organizado, intermediario, solucionador de problemas, práctico, con buen sentido del humor, busca el bienestar.

Debilidades: indeciso, desconfiado, pretencioso, calculador, desmotivado, egoísta, ansioso, cobarde.

EL MELANCÓLICO: es introvertido y de pensar.

Fortalezas: sensible, creativo, idealista, leal, habilidoso, minucioso, delicado, analítico, abnegado, le gusta estar en casa, observar.

Debilidades: susceptible, variable, crítico, negativo,

antisocial, confuso, vengativo, inflexible, egoísta, necesita apego.

¿Con cuál te identificas?

Tómate un momento para analizarlas bien y descubrir cuál eres, por lo general nos identificamos con dos, uno más predominante que el otro.

Si te fijas, cada uno de ellos posee características peculiares que no son buenas ni malas, simplemente "son".

Y ya las traes en tu ADN, no las puedes quitar ni evitar, es tu tinta, solo hay que saberla usar.

Por ejemplo, imagínate una persona obsesiva compulsiva, ¿verdad que está genial alguien así para un trabajo de control de calidad?, sus características son buenísimas para esa labor, pero no para las relaciones interpersonales, allí hay que aprender a usar la "tapita", que moldea el carácter y eso se aprende con técnicas y conciencia (ahora sí, sin "s", determinar lo que te sirve y lo que no te sirve), trabajando las debilidades o áreas de oportunidad.

Muchos adolescentes en pandemia por ejemplo, que ya traían un temperamento melancólico, al no conocerse bien y no tener claras sus áreas de oportunidad ni las técnicas para manejarse, empezaron a generar más apatía y eran juzgados. Al no aceptarse ellos, usaban frases como "yo no quiero", "me quedo aquí", "no sé socializar", mientras que los padres —seguramente con un temperamento colérico—, queriéndolos empujar a ser más sociables, generaban en ellos mayor estrés.

Hay que conocernos primero a nosotros mismos, identificar nuestro temperamento y moldear nuestro carácter para forjar nuestra personalidad, que es parte de nuestra identidad, ***saber quién soy y aceptarme tal cual soy***; para luego conocer a los que me rodean, aceptarles como son y poder armonizar —repito—, NADIE ESTÁ MAL.

Ese temperamento que hayas descubierto hoy, lo puedes desarrollar; quienes recibieron orientación y se dieron cuenta que sí tenían la capacidad de mejorar, salían adelante; ellos nos indicaron el camino a seguir. Quienes no lo hicieron, se estresaron más y nos marcaron exactamente lo que no debemos hacer.

Por eso, lo básico para mí, es que alguien les explique, les enseñe de emociones, les ayude a conocerse y les proporcione estrategias, ***"no basta solo con leerlo en este libro"***. BUSQUEN APRENDER MÁS Y MOLDEAR SU PERSONALIDAD E IDENTIDAD, que es única e intransferible.

3. CONOCER TU IKIGAI

El *Ikigai* es una técnica japonesa que te apoya en el descubrimiento de tu ser.

La palabra está dividida en dos:

IKI = VIDA

GAI = VALOR

Se traduce en encontrar el valor de tu vida, lo que le da sentido, aquello que vale la pena descubrir, para enfocarse y disfrutar de la misma.

Si tuviera que definir SENTIDO DE VIDA, diría que es igual para todos los seres humanos, pues ***a esta vida vinimos a dos cosas: "aprender y a disfrutar".*** Usualmente, hay quienes van en contra de ese sentido, <u>no aprenden y sufren;</u> recuerda los cinco distractores del éxito que mencioné, caen en cualquiera de estas actitudes para sufrir y no aprender.

Según el *Ikigai,* nuestro valor en la vida para sentirnos completos, se logra descubriendo los cuatro cuadrantes, no solo uno.

- En qué somos buenos;
- qué nos apasiona;
- cuál es la necesidad que cubrimos con eso en el mundo;

- y recibir una paga por ello, que sería la comprobación de que estamos poniendo en práctica nuestro talento.

Es un conjunto de cuatro aspectos:

PASIÓN, en lo que eres bueno + lo que te apasiona, te gusta y amas hacer.

MISIÓN, lo que te apasiona + el llenar algo que el mundo necesita.

PROFESIÓN, lo que te pagan + hacerlo (solo porque eres bueno).

VOCACIÓN, lo que el mundo necesita + que te paguen por hacerlo (aunque no sea en dinero y no seas bueno, lo haces por amor)

Hay mecanismos para aplicar en sesiones toda la técnica del *Ikigai*, para descubrir tu valor en cada uno de estos aspectos de forma integral —algo muy importante para lograr que vayan formando su identidad personal—.

Pero de no llenar los cuatro aspectos, existirán esos vacíos que son los que frustran a los seres humanos y los hacen caer en las peores acciones contra ellos mismos, contra alguien más o la sociedad, pues no le encuentran el valor total a su vida.

Caen en lo que llamo *síndrome del mejor peor*, ¿recuerdas? *"Si yo no hago nada bien, necesito hacer algo bien, aunque sea regándola; pero si la voy a regar, la riego en GRANDE".*

Los vacíos que puedes sentir si no trabajas los cuatro aspectos son:

- Si solo tienes pasión, tendrás **satisfacción**, pero la sensación de **no ser útil.**
- Si solo tienes misión, te sentirás **pleno**, pero **no tendrás rentabilidad** (dinero).
- Si solo tienes vocación, tendrás **emoción**, pero sensación de muchísima **incertidumbre** de si puedes sostenerlo o no.
- Si solo tienes una profesión, tendrás **comodidad**, pero una sensación de **vacío existencial.**

Esto es exactamente lo que viven los adolescentes cuando buscan elegir carrera o trabajo, al igual que muchos adultos en su crisis de la mitad de la vida.

Por eso es tan importante ir con un profesional en el tema, que te apoye a realizar los ejercicios para llegar a tu talento, poder ponerlo en práctica y crear tu identidad.

No es poco lo que se tiene que hacer para trabajar la identidad.

4. UBICARTE Y CONOCER LAS DIFERENCIAS GENERACIONALES

Ubicarte en la brecha generacional y conocer las diferencias es indispensable, pues según la época en la que crecen todas tienen características positivas y negativas que debemos distinguir padres e hijos, para saber qué aprender de unas y otras, además de qué cosas tenemos que equilibrar.

Esto es indispensable no solo para la armonía en casa, sino también social y laboralmente hablando.

Hoy en día, es muy sencillo ubicar en Internet las características de cada generación, para ubicarte a cuál perteneces por el año de nacimiento y ver las particularidades específicas que traes simplemente por la influencia de la época, moldear aquellas que no te beneficien y sostener y acrecentar aquellas que representan un fuerte para tu generación; pero lo más importante, es aprender a hacer ***sinergia*** con las generaciones con las que te toque convivir, ya sea en casa, la escuela, el trabajo o la sociedad.

En el planeta hoy día, coexisten varias generaciones a la vez, están los *builders* o tradicionales; *baby boomers,* generaciones "x"; generaciones "y" *(millennials);* generaciones "z"; y generación "alpha", en su respectivo orden de mayor a menor edad.

Tómate un tiempo y busca en Internet sobre la brecha generacional y sus características, ubícate y conócete, también es parte de tu identidad y sello personal, es indispensable para armonizar.

Lamentablemente, las personas no quieren investigar —espero y confío que tú sí te hayas tomado la molestia de ir a Internet para averiguar—, hay mucho que ajustar en cada generación para armonizar.

Por ejemplo, una línea de vida perfecta sería la siguiente:

SER - ESTAR - HACER - TENER = TRASCENDER

Pero esto no se da así en todas las generaciones ni en todas las personas, porque nadie es perfecto.

En ciertas generaciones se enseñó que para ser alguien en la vida, había que hacer mucho y tener mucho, luego, trabajaban tanto que dejaban de estar bien en lo personal y en sus familias; a otras, como tenían padres haciendo y teniendo (ausentes), ya no quieren hacer ni tener, solo quieren trascender; algunos están tan en la parte de trascender, que quieren limpiar bosques ríos y playas antes de tener sus casas o sus cosas ordenadas, entre otros ejemplos más, que vale la pena investigar.

La buena noticia es que todo se arregla regresando al SER y entendiendo nuestro valor, *somos valiosos por el simple hecho de ser seres humanos, no valemos por lo que tenemos, por cómo nos vemos ni por lo que hacemos o sabemos, sino por lo que somos.* Si sé quién soy, estoy bien, hago las cosas bien, tengo cosas buenas y trasciendo al poder compartirlas con el mundo.

Esa es la clave, sin embargo, se requiere de un profesional que te apoye en llevarte de la mano para comprenderlo, sanarlo y trabajarlo adecuadamente, viendo cada una de tus áreas de oportunidad, que son las únicas que te van a llevar a ser mejor de lo que eres hoy, pero puedes empezar conociendo un poco más sobre el tema.

Lo que sí es una realidad y que aprendí muy bien de una de mis clases en la maestría con la maestra Nora Albores, es que TODOS LOS SERES HUMANOS tenemos algunas características iguales y no podemos pasarlas desapercibidas:

- Somos seres creados por amor y para amar, así que resistirnos a ello, nos llena de sufrimiento y frustración.
- Somos seres **temporales**, todos nos vamos a morir, por eso hay que dejar una buena huella, lo importante es cómo nos recordará la gente al morir, cuál será el concepto que con mis actos, marcó mi identidad.
- Somos seres **contingentes**, no somos indispensables para nadie, somos altamente reemplazables, así que

hay que aprovechar la vida positivamente mientras estemos.

- Somos seres **en relación**, necesitamos los periodos de soledad para conocernos y recuperarnos, pero la vida es para relacionarnos con otros y más nos vale hacerlo en armonía.

- Somos seres **únicos e irrepetibles,** al hacernos se rompió el molde, no hay alguien exactamente igual a mí, porque solo yo ajusto mi identidad con todos los conceptos de los que he estado escribiendo.

Así que te sigo motivando a descubrir sana y sabiamente tu identidad, por eso sigo "dándote buenos motivos" para hacerlo.

5. TRABAJAR AUTOVALORACIÓN Y DISCIPLINA

En este apartado voy a hablar de AUTOVALORACIÓN INCONDICIONAL, porque la palabra autoestima se quedó —para mí—, muy obsoleta; uso siempre el mismo ejemplo que creo es claro y explícito:

Imagínate que el día del amor y la amistad, llega tu pareja con un hermoso regalo y te dice "te estimo mucho mi amor".

¿Te sentirías bien?

Por supuesto que NO, esa es una frase muy mediocre para el amor.

De ser así:

¿Por qué utilizarla para nosotros mismos?

Nuestra valoración debe ser incondicional, no debe tener condición alguna, TODOS LA MERECEMOS, pero no todos la trabajamos, por eso, nos perdemos en nuestra identidad.

En cada conferencia, a quien me escucha le digo que somos como la limonada.

La limonada tiene agua, limón y azúcar. Si preparo una limonada, no te puedo decir a ti "no te tomes el azúcar porque eres diabético". Ya viene lista, está preparada. ***Nosotros somos mente, cuerpo y espíritu, tendríamos que trabajar nuestra salud en los tres niveles.***

Ya hablamos de la salud emocional y vimos la manera en la que hay que trabajarla; es muy importante, porque esta es la que merma la salud mental y la física.

Pero también requerimos trabajar la salud mental, que tiene que ver con **dónde pongo mi atención,** esa es la narrativa. Aquí estamos hablando de cómo utilizar el filtro reticular que tenemos en nuestro cerebro, en cómo nos concentramos en lo que *"sí queremos, no en lo que no* *queremos o en lo que queremos evitar",* todo eso es la parte mental que nos ayuda a enfocarnos en autovalorarnos, reprogramando con nuevas frases aquello que nos hizo tener una baja valoración personal.

Probablemente no te dijeron de chico lo que querías escuchar o la gente a tu alrededor hizo cosas que te lastimaron, todo eso influye —ya lo mencioné—, pero no determina; una vez que vaciaste lo que sientes, ahora es momento de **elegir lo que quieres en tu nueva programación.**

Si bien es cierto: *"nadie es culpable de nacer pobre, pero sí de morir pobre",* entonces tú puedes transformar todo lo emocional que no te gustó heredar, repitiendo nuevas frases positivas que generen poder sobre tu mente y autorreconocimiento en ti.

Las frases, afirmaciones positivas o declaraciones de poder, —cómo aprendí a llamarles en el libro *Los secretos de la mente millonaria—,* son básicas, indispensables y ***sí funcionan, solo hace falta practicarlas.***

La mejor manera —para mí— de practicarlas, es usando mis famosas cartulinas color "fosfo" (cada una con un significado emocional que trabajar), pararte frente a un espejo y repetir las frases de frente, mirándote a los ojos, con cuerpo erguido, tono de voz firme y sonriente. Esta es toda una técnica que trabajo detalladamente en sesión explicando procesos mentales.

Pero a veces, trabajar la parte mental solo con repeticiones positivas, "QUE NO TE CREES AÚN", es sumamente frustrante y desmotivante si no ves los resultados inmediatos que quisieras; por eso, hay que aplicar aquella frase sabia que me compartió mi hija Fernanda, al leerme de algún lugar en redes un *post* que hacía referencia a que ***cuando la motivación se acaba, es momento de trabajar la DISCIPLINA.***

¿Recuerdas lo que platiqué sobre los soldados y tender la cama?

Pues es la manera de iniciar el día con un logro, así, la mente se programa para querer más logros, por eso es tan importante trabajar la disciplina.

Así que mínimo, iniciemos padres y chicos con ***tender nuestra cama diario***, si lo haces, estarás ayudando al cerebro a reprogramar que ***mereces el logro porque lo vales, eso es trabajar autovaloración.***

Para los chicos, tener tareas específicas de constancia, puntualidad, orden, limpieza o pulcritud con su persona (lo que marca su autoimagen y sube el ánimo), además de repetir frases o escuchar música que les haga iniciar el día con una alta actitud, impactará enormemente en su ánimo y voluntad de hacer y organizar mejores cosas en su vida.

Me refiero a música con letra y melodía positiva, pues ***el volumen y ritmo, más las repeticiones constantes y dichas con un gran sentir, impactan al subconsciente positiva o negativamente,*** según la información que estamos imprimiendo en el cerebro.

De ahí que los padres deben estar ***"pendientes de la música que escuchan sus hijos",*** *pues reprograma para bien o para mal.*

Asimismo, hay que trabajar la salud física, ¿recuerdas que me tardé años en realizar una actividad física y encontré sus beneficios con un tema de salud?, empecé con nueve minutos al día. Hoy entiendo lo recomendable que es aceptar que, si empezamos hábitos desde pequeños tanto en la buena alimentación, como en la parte de ejercitarnos, trabajaríamos en conjunto las tres áreas: física, mental y emocional; así que es momento de ponerlo en práctica, los padres para ser congruentes e inculcarle a nuestros hijos un hábito indispensable; los chicos para obtener los objetivos que tanto anhelan.

Recapitulando: se trabaja la autovaloración en cuatro aspectos —que ya he nombrado y que para mí son muy importantes—, aunque solo una de las cuatro palabras existe en el diccionario de la Real Academia Española, sí existen sin el prefijo "auto", que determina *"lo que hace uno por sí mismo", así, podemos comprender su definición completa.*

AUTOCONCEPTO: la Real Academia Española la define como *"la opinión que una persona tiene sobre sí misma, que lleva asociado un juicio de valor"*. Se trata de la **opinión que tienes de ti mismo;** defínela, escríbela y mira si reconoces virtudes y también defectos en tu descripción, ve cómo es el concepto actual que tienes honestamente de ti mismo y si hay algo que mejorar, decide hacerlo.

AUTOIMAGEN: esta palabra no se encuentra como tal en el diccionario de la Real Academia Española, pero sí existe la palabra imagen y una de sus múltiples definiciones es *"conjunto de rasgos que caracterizan ante la sociedad a una persona o entidad";* en otra menciona *"recreación de la realidad a través de elementos imaginarios fundados en una intuición o visión del artista que debe ser descifrada"*. Lo cual nos indica la recreación de mi propia realidad a través de ideas sobre cómo me veo, de esos rasgos que creo me caracterizan y ven los demás de mí, porque yo los veo así. Por ello, me es importante incluirla. En inglés "self-image", *es la imagen o representación mental que se obtiene de uno mismo,* es **cómo te ves a ti mismo;** entonces, las preguntas que debes hacerte son ¿te gusta lo que ves frente a un espejo?, ¿te gusta lo que ve la gente de ti?, si la respuesta es no, es momento de **trabajar en tu imagen y pedir apoyo para mejorar nuestro aspecto** (manera de vestirnos, peinarnos, limpieza e higiene, **incluso la de nuestras áreas personales**, como tu baño y dormitorio, que aunque no lo creas, también te definen e influyen en tu ánimo y percepción de ti).

Pero además, recuerda que la autoimagen hoy no solo es física, también tenemos que revisar ***nuestra imagen digital, "que es lo que compartes en tus redes sociales"***, porque también te define. Muchas veces, el contenido que compartes no es el que verdaderamente quieres que la gente identifique con la identidad que te define, sino que se usa indebidamente como un basurero emocional, para "sacar y expresar cómo te sientes", luego, las reacciones negativas y comentarios bajan más su autovaloración. Hay que ser muy prudentes con lo que compartimos en redes pues también forma parte de nuestra identidad y ya expliqué que nos guste o no, la imagen física y digital son la primera impresión que tienen las personas que no nos conocen sobre nosotros; *"no existe una segunda oportunidad para una primera buena impresión".*

AUTORRECONOCIMIENTO: tampoco existe el término como tal en la Real Academia, pero sí la de la palabra reconocimiento, *"acción y efecto de reconocer* *(examinar algo o a alguien para conocer su identidad, naturaleza y circunstancias; admitir o aceptar algo como legítimo; admitir como cierto algo)".* En este caso, no solo me refiero a reconocerte a ti mismo (conocerse y examinarse por sí mismo para nuestro desarrollo y crecimiento personal), sino a una parte que para mí es sumamente importante, lo incluyo y lo defino como la ***capacidad que tenemos los seres humanos de reconocer nuestros logros y desaciertos.***

Algunos traumas de los seres humanos se deben a que en su infancia no obtuvieron el reconocimiento de sus logros por parte de sus padres o autoridades, quienes muchas veces se enfocaron solamente en sus errores o desaciertos, por lo cual, es importante aquí trabajar un **banco de recuerdos positivos,** que nos ayuden a recordar en situaciones complicadas emocionalmente, que sí hemos tenido logros y momentos felices en nuestra vida. Cuando las emociones están revueltas, todo parece negro y obscuro, se usa entonces esta técnica para forzar al cerebro a recordar momentos de color y alegría en la vida, admitiéndolos como ciertos y legítimos.

Para otros, sus padres sobrevaloraron todo lo que hacían sin hacerles ver sus áreas de oportunidad, lo que a la larga, les frustra al no aceptar retroalimentación, que es lo único que nos ayuda a seguir creciendo en la vida, *¿si no sé en que* *no estoy bien, cómo puedo ser mejor? Aquí se recomiendan técnicas para aprender a no tomarse las cosas personal y estar abierto al* feedback.

AUTOEFICACIA: la Real Academia Española define eficacia como *"la capacidad de lograr el efecto que se desea o se espera"*, yo me refiero justo a que un ser humano pueda reconocer que es capaz de lograr lo que desee, es **sentirme eficaz, capaz de ser, hacer y tener lo que me proponga de manera honesta, para disfrutarlo plenamente. Es saber que tengo TODAS las características que tienen TODOS los seres humanos, que no me falta nada,** que soy un ser completo, incluso si físicamente careciera de algo, internamente soy un ser completo, solo que requiero aprender y poner en práctica las estrategias adecuadas para aquello que quiero lograr.

Pero aquí entra un aspecto muy importante, **hay que hacer esfuerzos de la mano con profesionales,** porque algunos nacen con algunas características y talentos y otros tendrán que desarrollarlos —¿recuerdas?, no todos los temperamentos son iguales ni las condiciones genéticas, físicas o culturales, pero puedes aprenderlas—. Solo que *en ningún diccionario encontrarás la palabra éxito, antes de la palabra esfuerzo* (no sacrificios), solo hay que saber si estás dispuesto a trabajar por ello honesta y equilibradamente.

Nuevamente lo repito, sí existimos profesionales que nos dedicamos de manera profunda a aplicar herramientas para trabajar cada una de ellas, solo te corresponde a ti acercarte para obtenerlas.

6. IMPLEMENTAR TÉCNICAS DE COMUNICACIÓN FAMILIAR EFECTIVAS Y DETERMINAR ACTIVIDADES ESPECÍFICAS PARA PRACTICAR

Normalmente, la frustración más grande de los padres es querer entablar una conversación con sus hijos, misma que no dura más de dos minutos y que se traduce en:

—¿Cómo te fue?

—BIEN.

—¿Hay alguna novedad que me quieras contar?

—NO.

—¿Pasó algo extraordinario en tu día?

—NADA.

Fin de la conversación.

¿Te ha pasado?

Realmente se necesitan técnicas efectivas de comunicación; y mira que escribí "efectivas", no cualquiera y menos las técnicas que usualmente se nos ocurren a los padres que más que ser efectivas, usan el lugar y momento no adecuado (como el carro mientras van de regreso a casa), la obligación, control, desesperación y gritos; las del lado contrario, ceden y callan para evitar conflictos, pero tampoco resuelven nada; no decir ni hacer nada, también comunica.

Uno de mis logros más solicitados en terapia es el *"coaching de comunicación"*, donde utilizo una técnica que aprendí del padre Ángel Espinosa de los Monteros, un sacerdote mexicano que tiene contenido, conferencias y talleres para parejas. Su técnica de parejas hoy la he moldeado y he llevado incluso a las empresas, pero es infalible entre padres e hijos y hasta con uno mismo.

Consiste en tres preguntas que te ayudan a investigar lo que siente la otra persona, para poder encontrar lo que necesita y aplicar las estrategias para cubrirlas y reprogramarlas.

Como esta, existen muchas técnicas más de comunicación no violenta, como la técnica del sándwich + - + por ejemplo, para decir lo negativo, entre otras muy valiosas, que te invito a investigar.

De manera sencilla te dejo las tres preguntas básicas de mi *coaching* de comunicación, pero recordando que siempre es mejor hacerlo acompañado de un profesional que te sirva de réferi para no perder tiempo con engancharse emocionalmente ni el sentido de la conversación: se trata de *"investigar lo que el otro necesita y solicitarle que te dé la solución que requiere, no debe tardar más de quince minutos cuando hay calidad en el tiempo, si se usa la técnica adecuada";* en la estrategia, la solución no se te tiene que ocurrir a ti, debe salir de quien lo necesita y se le orilla a pensar a la persona que responde.

La técnica está tan bien diseñada que no se centrará en lo que sientes, sino en razonar cómo solucionarlo.

Este ejercicio se hace con un verdadero tiempo de calidad, en un lugar privado, libre de distractores, exclusivo para cada uno de tus hijos por separado, mostrando interés genuino por el otro, sin aparatos móviles a la mano, mirándonos de frente y siguiendo las reglas de aplicación entre cada pregunta.

La recomendación es que la primera vez, lo hagan de la mano con un experto que te apoye en tener claras las reglas del juego, ayudándote en llegar a acuerdos sabios y factibles, posteriormente lo podrán seguir aplicando periódicamente entre ustedes.

Las preguntas son de dos vías e inicia la persona que solicitó la plática. Suponiendo que lo hagan los papás, las tres preguntas son:

1. ¿Cómo voy como papá?

2. ¿Qué requiero hacer para ser mejor papá?

3. ¿Qué requiero dejar de hacer para ser mejor papá?

Luego, como la comunicación —al igual que este ejercicio— no es unilateral, toca el turno de preguntar al hijo.

1. ¿Cómo voy como hijo?

2. ¿Qué requiero hacer para ser mejor hijo?

3. ¿Qué requiero dejar de hacer para ser mejor hijo?

Obviamente, los adolescentes pueden solicitar esta comunicación y empezarían ellos haciendo las preguntas, así pueden saber qué es lo que sus padres requieren de ellos para saber cómo hacerlo y llegar a acuerdos más armoniosos.

Apliquen la técnica con una frecuencia mensual como parte de un mantenimiento en la comunicación de la relación, ya que sabemos que todo puede cambiar de un día a otro; en consecuencia, uno debe estar siempre presente en aquellas relaciones que te importen, empezando por la propia.

Pero por favor, las respuestas, no se juzgan ni se debaten, SE ESCUCHAN, "pregunten y escuchen", **_no sabemos escuchar_**. Recuerda que estás investigando qué siente, qué necesita el otro, no te lo tomes personal, lo primero que hacemos es interrumpir porque nos da miedo fallar.

Si encontramos una falla nuestra —según lo mencionado por la otra persona—, se debe preguntar más profundo para aclarar el concepto.

Si descubres en tu hijo o hija una situación de riesgo emocional, sigue preguntando:

"¿Qué sientes? Cuéntame, ¿qué siente tu cuerpo?".

Ya que ahí podremos ver si está teniendo estrés alto o bajo.

Si dice por ejemplo que *"en su cuerpo siente temblor, que no puede dormir, que duerme de más, si se come las uñas, si vuelve el estómago, si tiene retortijones, etc."*, allí hay información.

Al dejar que identifique lo que está sintiendo, entonces va a ser mucho más fácil decir: **"¿por qué no vamos con un profesional?** *Porque yo como padre no lo soy, pero esto que sientes no es normal y lo que quiero es que estés bien".*

El problema surge cuando le jugamos al doctor, al sabelotodo; a veces, por el miedo que tenemos, lo que hacemos es *"evitar la comunicación para no tener problemas"*, eso tampoco nos hace crecer.

Por otro lado, si como adolescente te paras frente al espejo, te tomas un tiempo para reflexionar y te preguntas: ¿cómo vas?, ¿qué te está haciendo falta?, ¿qué te duele?, ¿cómo te sientes?, ¿cuáles son las cosas que te dan miedo? Tú solito te vas a dar cuenta y dirás: *"Necesito ir a buscar a alguien que me diga cómo salir de esto que reconocí".*

Algunas personas le tienen miedo a la terapia porque no quieren que les digan que están mal o por miedo al qué dirán, pero ya te lo dijiste tú primero al hacerte a ti mismo las preguntas y contestarte honestamente. Entiende que *"las personas que van a terapia no son los que están mal, sino los que quieren estar mejor".* Ese es mi lema; no somos mediocres, hay que romper la mediocridad, que es distinto.

Así que hazte estas preguntas, sobre todo las tres de la técnica que te compartí, ya que son indispensables para marcar cuáles son las actividades con las que debes iniciar y que corresponden a la solución de las respuestas que tú mismo te diste; es hora de hacer tu plan de acción semanal y mantenerte en tu "terapia ocupacional".

7. PRÁCTICA DEL PLAN DE ACCIÓN SEMANAL

Una vez que identifiques todas las acciones que requieres realizar para tu crecimiento y desarrollo personal, es momento de convertirlas en metas específicas y agendables. Todo lo teórico se queda en una hermosa idea si no se lleva a la práctica, debe hacerse un plan estructurado para poder llevar un registro.

Una de mis frases en el tema de organización que ayuda a entender este concepto, es que *"lo que no es agendable, no es medible y lo que no es medible, no es mejorable".*

Es necesario registrar lo que queremos hacer para que nuestro cerebro identifique si en verdad lo cumplimos o no, porque no podemos depender de que alguien nos reclame o nos juzgue.

Si nuestro cerebro no lo puede comprobar por nosotros mismos, *todo lo que alguien nos haga ver, aunque sea para nuestro bien, lo tomaremos como un reclamo, una crítica o un juicio;* es mejor llevar nuestro propio registro y trabajar nuestra propia responsabilidad.

Ya escuchamos lo que la otra parte nos sugirió en el *coaching* de comunicación (porque es una sugerencia), ahora, con tu libertad, depende de ti decidir qué hacer; si lo haces o no, eso también te definirá.

EL PLAN DE ACCIÓN

Aquí los padres debemos entender lo que dice Luigi Giussani en su libro *Educar es un riesgo:* que el riesgo de educar es la libertad; que al final, cada quien decide sus acciones; pero tienes que hacer tu mejor esfuerzo para sentir que hiciste lo que te correspondía.

Es fundamental tener claro que las elecciones de tus acciones también te definen, no es lo que la gente diga u opine, ***te define lo que haces y no haces.***

Por ello, sin que nadie te lo pida, tú solo crearás un plan de acción que te ayude a mejorar tu propia opinión sobre el valor de tu persona.

La mejor forma de hacerlo es como los horarios de las escuelas, por tiempos definidos, lo que te alcance en bloques de media hora; si decido que en treinta minutos me tengo que bañar, vestir y tender mi cama, esa será una meta que ponga yo, *porque entendí que me conviene para sentirme mejor sobre mí mismo, no porque que alguien me obligue a hacerlo.*

Si a la hora de practicarlo la primera semana, me doy cuenta de que no lo logro en ese tiempo, amplío la actividad a otro bloque más de media hora, es decir lo subo a una hora, pero tendré que ajustar todo lo demás.

Con los horarios iremos negociando, por eso se debe incluir un tiempo para revisar la planeación de la semana siguiente.

También te sugiero incluir tiempos para tu arreglo personal, ordenar tus cosas —mínimo tender tu cama a diario aunque no quede perfecta—, para tus alimentos, descanso, hacer tareas, socializar, aprender algo nuevo, leer o platicar con tu familia, entre muchas actividades más.

Se trata de hacer un plan de acción semanal donde registres las actividades en una agenda o en una hoja de papel hecha por ti, para cada semana, con horarios desde que te levantas, hasta que te acuestas. Esto te sirve para que lleves a cabo con disciplina, las actividades que elegiste y que convertiste en propósitos y acciones diarias.

La VISIÓN de un ser humano consiste en establecer *cómo quieres ser reconocido en el mundo por la huella que dejas* y los logros que alcanzas; es muy importante establecerla, pero es igual de importante marcar los pasos para lograrla.

Una vez identificada la visión, debemos registrar nuestro crecimiento, así que cada día pregúntate *"si lo que estás haciendo hoy es tan bueno para llegar a donde quieres mañana"*.

El plan de acción te ayudará a poder confirmarlo, no importa si no lo haces bien a la primera, siempre puedes volver a empezar, la idea es que te mantengas en movimiento. Por esta razón es que el PROPÓSITO *es diario según las metas que te traces*, tal vez el único propósito del día de hoy sea volver a empezar, perdonarte, vaciar la emoción de lo que ha ocurrido o continuar con tus esfuerzos... seguramente, ya me captaste.

Sé que no siempre vas a poder cumplir al pie de la letra todo tu plan semanal, dado que siempre surgirán cosas urgentes que le quiten espacio a lo importante y a lo necesario. Pero tu cerebro debe saber que estás organizado, ya con eso tendremos paz, sabiendo que lo que nos mueva el plan, serán cosas fuera de nuestro alcance, pero que podemos reagendar si no mantuvimos el tiempo establecido.

Eso hará que no pase tanto tiempo sin que cumplas tus objetivos, que te sientas organizado, que te enfoques en el momento presente en tu creatividad y productividad, lo cual siempre generará una mejor autovaloración, ánimo y un mejor manejo emocional; de no ser así, merecemos regresar al paso uno para el vacío emocional y poder continuar nuevamente.

Con todo lo visto en este libro, podemos concluir que si la Real Academia Española define **IDENTIDAD** como *"la consciencia (con "s") que una persona tiene de ser ella misma y distinta a las demás"*, no es algo difícil de descubrir, hoy lo has entendido y empezarás a trabajarlo, **<u>no tenemos que inventar nada más para darnos un lugar fuera de la naturaleza humana</u>**, tal vez nadie te había enseñado antes los pasos para descubrir quién eres, lo que estabas sintiendo y cuánto vales, sin tener que ir a gritarlo, pelearlo o exigirlo, simplemente **hoy puedes y mereces ejercerlo sabiamente.**

En mi primer libro escribí textualmente:

Victor Küppers presenta en una de sus conferencias, una fórmula que se ha vuelto indispensable en mí para determinar líderes:

El VALOR de un ser humano, está formado por:

conocimientos más habilidades, multiplicado por la ACTITUD.

$$V = (c + h) * A$$

La actitud no solamente debe entenderse como alegría, motivación o entusiasmo; la actitud tiene que ver incluso con el reconocimiento de tus áreas de oportunidad, de cómo puedes tener una inteligencia emocional para manejar asertivamente tus emociones frente a situaciones adversas, de presión o riesgo; esa es una parte que muchos no han tomado en cuenta acerca de la actitud.

Sé que la adolescencia no siempre tiene momentos de alegría, motivación ni entusiasmo tanto para padres como para los hijos que la viven, pero sabiendo la esencia de quién eres y cuánto vales —lo que para mí define tu identidad—, aprendiendo técnicas para un buen manejo emocional, comunicaciones efectivas y de autovaloración incondicional, más un plan de acción para trabajar ordenadamente, recuperarás la ACTITUD cada vez que sea necesario restablecerla.

No estás solo, no eres un "bicho raro", eres un ser humano común y corriente viviendo etapas, que —creo—, con este libro te han quedado claras, pero también tienes la responsabilidad social y humana de mejorarte día a día. Así que todo el capítulo 4 es tu TAREA, recuerda que **"nadie se va de Chetta sin tarea"**, porque mereces tu crecimiento.

Te invito a que entres a mi canal de YouTube y veas mi video "Perfectamente imperfectos", porque eso somos —ya lo había mencionado—: ***"somos perfectamente imperfectos, pero perfectibles"***.

La capacidad de asombro nunca se debe perder, cuando das por hecho las cosas, ya no tienen sentido; entonces, me sigue emocionando que la gente quiera seguir aprendiendo.

Gracias por querer aprender y leer este libro que con tanto amor y dedicación he escrito para ti.

En verdad: ¡felicítate!

El logro es tuyo por un paso más en tu aprendizaje.

Si crees que este libro le puede servir a alguien más para entenderse mejor, ¡recomiéndalo!

Si me ayudas a llegar a más personas, entonces habrá valido la inversión del tiempo que hemos hecho, yo por escribirlo y tú por leerlo.

Hoy ya no quiero que digas desesperadamente:

Y a mí, ¿quién me entiende?

Hoy quiero que con orgullo te des una palmada en la espalda y repitas en voz alta:

Hoy empecé a entenderme, simplemente porque ¡QUIERO, DESEO Y ME LO MEREZCO!

Nos encontraremos en los próximos libros para continuar con tu crecimiento en todas las áreas de tu vida.

¡Hasta pronto!

Con todo mi amor,

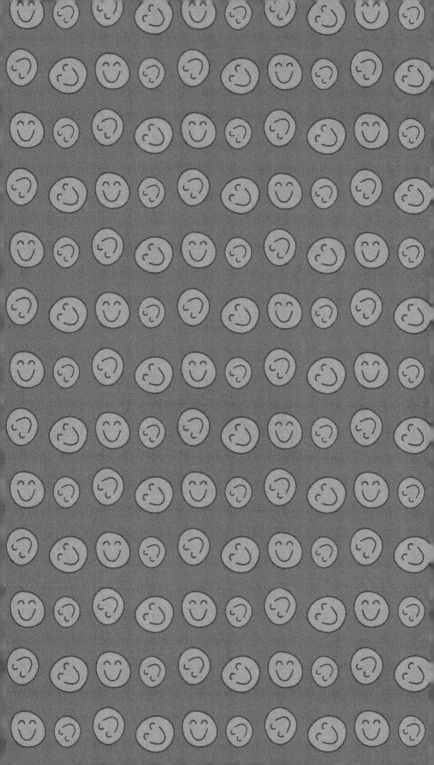

Acerca de la autora

GRACIETTA DEL MILAGRO PULICE COSSU

CHETTA (para sus amigos, incluyéndote).

Estratega en actitud, conferencista internacional, autora *bestseller*, terapeuta narrativa, *coach* mental y emocional.

Una mujer, panameña-mexicana, de sangre italiana, licenciada en derecho y ciencias políticas, técnica en administración de empresas y finanzas, con maestría en orientación familiar sistémica.

Generadora de contenido en redes sociales como @chettamotiva y del pódcast "Motívate y actúa con Chetta".

Amante de los anclajes mentales positivos y el manejo emocional asertivo.

Chetta… la mujer que conecta el corazón con la mente.

- 🌐 chetta.tv   ✉ info@chettamotiva.com
- 📞 +52 812 520 4189   f @Chettamotiva
- 📷 @chettamotiva   ♪ @chettamotiva
- in company/chettamotiva   ▶ @ChettaMotiva
- ● Motívate y Actúa con Chetta

Testimonios

A.C. (mujer), veintitrés años, Allende, Nuevo León, México.

Con Chetta aprendí a escucharme a mí misma en medio del caos, de las opiniones y de los comportamientos que mi familia tenía hacia mí. Sané heridas desde el amor y la empatía. Encontré esa voz interna y la comencé a escuchar con más claridad y atención. Me permití comenzar a vivir con más autenticidad, empecé a darme prioridad para tomar decisiones diarias de invertir en mi crecimiento personal, a buscar herramientas que aportaran a la vida que quiero vivir y a solicitar ayuda cuando me sentía perdida.

Y lo más importante, aprendí que los sufrimientos son momentáneos, siempre hay algún aprendizaje de oro en los tiempos difíciles, así mantengo la fe en mi capacidad para construir la vida que deseo a pesar de la adversidad.

Andrea Joselyn Peyrano, dieciocho **años, Monterrey, Nuevo León, México.**

Empezaré diciendo que estoy viva gracias al trabajo de Chetta: tenía la creencia de que nunca saldría de la depresión, que moriría joven, que no disfrutaría la vida, le perdí el gusto a vivir, tantos psicólogos, tanto dinero invertido que en su momento no dio frutos, siete años en depresión... Chetta, con tres meses y explicarme logró lo que otras personas no hicieron en años. He aprendido el "no te lo tomes personal", aprendí a disfrutar cada momento, salida, regalo, sonrisas, al tener depresión, no tenía razones para vivir, pero gracias a su guía, encontré motivos para vivir y gozar la vida. La vida es bonita cuando aprendes a tener manejo de tus emociones e inteligencia emocional y a ¡¡¡mentar madres con estrategia!!!

Gracias a ella y a la dedicación y gran apoyo de mis padres estoy aquí, disfrutando y VIVA; también tengo que agradecerle mucho a mis papás por buscar lo mejor para nosotros, para crecer como familia e individualmente. Mi mamá contactó a Chetta por redes porque quería vernos bien y ella deseaba poder mejorar y entendernos a mi hermana y a mí, nos la pasábamos del chongo y ahora nos sentamos a platicar; ella siempre dice que aprende todos los días de nosotras y nosotras aprendemos tanto con ellos. Aprendimos a comprendernos, porque nuestros padres fueron criados de diferente manera y en otras circunstancias y siempre los juzgábamos, decíamos que "no nos entendían", pero nosotras tampoco los entendíamos a ellos. Desde que conocemos a Chetta nos hemos vuelto más unidos, más empáticos unos con los otros, disfrutamos nuestros momentos en familia y tenemos reuniones para conversar. ¡¡¡GRACIAS INFINITAS GRACIAS CHETTA, POR TANTOS APRENDIZAJES!!!

Eliel Pérez, veintiún años, Monterrey, Nuevo León, México.

Chetta me ayudó a abrir los ojos y me ayudó a encontrar ese balance entre lo que me gusta, en lo que soy bueno y en lo que me da vocación para aportar mi granito de arena al mundo. Todos debemos encontrar ese balance.

Isabela Ponce, diecisiete años, Monterrey, Nuevo León, México.

Algo que he aprendido contigo y que agradezco muchísimo, es que aprendí a comunicarme, a saber cómo expresarme, cómo decir lo que siento y nunca quedarme con la espinita de no decirlo porque no sabía cómo.

Gracias a eso, ahorita tengo una mejor relación con mi mamá, ya que sabemos cómo comunicarnos.

Aprendí a quererme más, a pensar más en mí y a saber manejar mejor mis emociones.

Aprendí bastante sobre las amistades que no me traen nada bueno y a diferenciar sobre las amistades de la prepa, amistades de la fiesta y las verdaderas amistades.

Y aprendí fundamentalmente, a alejarme de lo que no es sano para mí. Yo sentía que ningún adulto me entendía y no es así, me ayudaste a que mi mamá entendiera un poco mejor y recordara lo que es ser adolescente; ahora mi mamá sabe cómo hablar conmigo, ya no son gritos, sino lecciones y eso ayuda mucho más.

Montse Vivas, veintidós años, Cozumel, Quintana Roo, México.

Pedir ayuda no es de cobardes, para mí, ¡¡es uno de los actos más valientes que puedes hacer por ti!! En la etapa de la adolescencia, que es donde más cambios experimentamos tanto de identidad, nuestro físico, hormonales, con nuestras relaciones familiares y de amistades, debemos tener una red de apoyo presente que nos pueda ayudar y guiarnos. Las herramientas que me dio Chetta me sirvieron mucho para perderle el miedo a atreverme a tomar decisiones importantes en mi vida y no dejar ir oportunidades.

T. DL. (hombre), diecinueve años, Monterrey, N. L., México.

Llegué con Chetta porque estaba harto de vivir en el hoyo en el que me metí. Me di cuenta de que me ahogué a mí mismo, me pesa lo que la gente diga de mí y hacer cosas que hagan que me vea mal o que me vean como un tonto y muchas veces me sentí solo. Con Chetta aprendí que la perseverancia te ayuda a salir de tu zona de confort, cuando crees que nunca podrás hacerlo.

J. A. V. (hombre), treinta años, McAllen, Texas, USA.

Desde el momento en que conocí a Chetta, supe que estaba en un santuario de entendimiento y apoyo. Ella, con su estilo único y genuino, ha tejido una tela de confianza y empatía que me envuelve en cada sesión. Su apodo, que resuena con calidez y accesibilidad, es simplemente una ventana a la conexión humana profunda que fomenta.

Su enfoque terapéutico, infundido con una mezcla de profesionalismo y cariño, ha sido el catalizador de mi viaje hacia el autodescubrimiento y la sanación. Chetta tiene esa rara habilidad de escuchar no solo las palabras, sino también los silencios entre ellas, explorando las capas de mis emociones con una delicadeza que permite que florezcan las percepciones.

Cada sesión es como una exploración conjunta a través del laberinto de mi psique, con ella guiándome suavemente hacia las revelaciones que yacen en cada recodo. Su toque humano se siente en cada consejo que ofrece, cada ejercicio que propone y en cómo celebra cada pequeño progreso que hago en mi camino hacia el bienestar.

Chetta, con su aura tranquilizadora, ha hecho que el proceso terapéutico sea una experiencia enriquecedora y liberadora. Ha plantado semillas de esperanza y resiliencia en los suelos de mi ser, permitiendo que broten flores de autocompasión y amor propio.

Lo que más aprecio es que Chetta no solo se dedica a aliviar el estrés del momento, sino que también está investida en mi crecimiento a largo plazo. Su orientación ha sido una luz guía en mi travesía hacia una vida más equilibrada y contenta.

En resumen, Chetta no es solo una terapeuta, es una compañera en el viaje de la vida que, con su toque humano, transforma cada sesión en una escalera hacia una versión más fuerte y serena de mí mismo. En el jardín de la terapia, Chetta es la "gardenera" (jardinera) paciente y sabia que ayuda a cada alma a florecer a su propio ritmo.

Carta de una madre agradecida

El agradecimiento es enorme hacia ti y tu trabajo, eres un ser maravilloso, el desarrollo en mis dos hijas es tan grande que impactó a toda mi familia positivamente. Lo aprendido en terapia ha sido muy provechoso en sus vidas. Les ha ayudado a poner en práctica las herramientas que les enseñas. Tu primer libro les vino a reafirmar lo aprendido contigo y las veo más felices y con mayor seguridad en sí mismas y más desenvueltas al relacionarse con las personas. Están disfrutando su vida gracias a ti. Te deseo muchos éxitos en lo profesional y en tu vida personal. Dios te bendiga a ti, a tu hermosa familia (por compartir a ese ser maravilloso que tienen como mamá y esposa con nosotros) y a cada persona que lea este libro, DIOS LOS BENDICE.

GRACIAS CHETTA. MYRNA NIETO, Monterrey, N. L.

Mensajes del corazón

Un mensaje de corazón para los papás

Enséñales a volar, pero entiende que no volarán tu vuelo.

Enséñales a vivir, pero entiende que no vivirán tu vida ni la que quisiste tener.

Pero ten por seguro que en cada vuelo y en cada sueño, estará siempre la huella del camino enseñado.

Por eso cuida tus actos, no tus palabras, ellos imitarán lo que tú hagas, no lo que tú digas y menos a lo que les obligues.

Trabaja en ti primero, aprende a ser guía, no son tuyos, pero son tu obra de arte.

"Los padres somos los que cuidamos y guiamos a nuestros hijos para que los disfrute otro", pero que orgullo entregarle a otra persona tu creación, para que forme su propia familia y ahora tengas tiempo para disfrutar lo que te reste de vida.

CHETTA

Un mensaje de corazón para los hijos

Chicos, no se tomen nada personal, sus padres solo hacen lo mejor que pueden con el entendimiento que tienen hasta este momento de su vida.

Solo quieren lo mejor para ti, pero no saben cómo expresarlo, pues las emociones asertivas son de reciente estudio y seguramente a ellos no se lo han enseñado.

"No es lo mismo saber algo, a saber enseñarlo".

Tal vez ellos saben lo que te conviene, pero no saben explicarlo.

Busca otras voces, sigue en redes a personas con contenido de valor, lee libros, pide ayuda, que en algún momento te llegará.

No desistas, TÚ MERECES SIEMPRE SER MEJOR y eso depende de ti, no de tus padres.

Ellos ya te dieron la vida y eso es suficiente, no te deben nada, no te distraigas, crea un futuro mejor y haz magia con este hermoso regalo.

Chetta

 CHETTA.TV